未完成だった
般若心経

岩根《いわね》和郎《わろう》

受想行識　諸法

受想行識　法

空

色

色

無

仏《ぶっ》説《せつ》摩《ま》訶《か》般《はん》若《にゃ》波《は》羅《ら》蜜《み》多《た》心《しん》経《ぎょう》

観《かん》自《じー》在《ざい》菩《ぼー》薩《さつ》　行《ぎょう》深《じん》般《はん》若《にゃー》波《はー》羅《らー》蜜《みっ》多《たー》時《じー》
照《しょう》見《けん》　五《ごー》蘊《うん》皆《かい》空《くう》　度《どー》一《いっ》切《さい》苦《くー》厄《やく》
舎《しゃー》利《りー》子《しー》　色《しき》不《ふー》異《いー》空《くう》　空《くう》不《ふー》異《いー》色《しき》　色《しき》即《そく》是《ぜー》空《くう》
空《くう》即《そく》是《ぜー》色《しき》　受《じゅー》想《そう》行《ぎょう》識《しき》　亦《やく》復《ぶー》如《にょー》是《ぜー》
舎《しゃー》利《りー》子《しー》　是《ぜー》諸《しょー》法《ほう》空《くう》相《そう》
不《ふー》生《しょう》不《ふー》滅《めつ》　不《ふー》垢《くー》不《ふー》浄《じょう》　不《ふー》欠《けつ》不《ふー》満《まん》
是《ぜー》故《こー》空《くう》中《ちゅう》　無《むー》色《しき》無《むー》受《じゅー》想《そう》行《ぎょう》識《しき》　無《むー》眼《げん》耳《にー》鼻《びー》舌《ぜっ》身《しん》意《い》
無《むー》色《しき》声《しょう》香《こう》味《みー》触《そく》法《ほう》　無《むー》眼《げん》界《かい》　乃《ない》至《しー》無《むー》意《いー》識《しき》界《かい》
無《むー》無《むー》明《みょう》　亦《やく》無《むー》無《むー》明《みょう》尽《じん》　乃《ない》至《しー》無《むー》老《ろう》死《しー》
亦《やく》無《むー》老《ろう》死《しー》尽《じん》　無《むー》苦《くー》集《しゅう》滅《めつ》道《どう》　無《むー》智《ちー》亦《やく》無《むー》得《とく》
以《いー》無《むー》所《しょー》得《とく》故《こー》

菩提薩埵《ぼーだいさったー》　依般若波羅蜜多故《えーはんにゃーはーらーみったーこー》　心無罣礙《しんむーけいげー》
無罣礙故《むーけいげーこー》　無有恐怖《むーうーくーふー》　遠離一切顛倒夢想《おんりーいっさいてんどうむーそう》
究竟涅槃《くーきょうねーはん》
三世諸仏《さんぜーしょーぶつ》　依般若波羅蜜多故《えーはんにゃーはーらーみったーこー》
得阿耨多羅三藐三菩提《とくあーのくたーらーさんみゃくさんぼーだい》
故知般若波羅蜜多《こーちーはんにゃーはーらーみったー》　是大神呪《ぜーだいじんしゅー》　是大明呪《ぜーだいみょうしゅー》
是無上呪《ぜーだいじょうしゅー》　是無等等呪《ぜーむーとうどうしゅー》　能除一切苦《のうじょーいっさいくー》
真実不虚故《しんじつふーこーこー》　説般若波羅蜜多呪《せつはんにゃーはーらーみったーしゅー》　即説呪曰《そくせつしゅーわつ》
羯諦羯諦波羅羯諦波羅僧羯諦菩提薩婆訶《ぎゃーていぎゃーていはーらーぎゃーていはらそうぎゃーていぼーじーそわかー》
般若《はんにゃー》・・・心経《しんぎょう》

文責　空不動

【要約】　般若心経

【1】仏説摩訶般若波羅蜜多心経

般若心経は仏陀の名の下に、般若波羅蜜多という普遍的な《世界観》を明らかにして仏教再生を果たし、同時にこの現代という未来のために「個人と人類の救われの道」を説いた経典です。

【2】観自在菩薩 行深般若波羅蜜多時 照見五蘊皆空 度一切苦厄

皆空として最初に登場する空は、原典では形容詞であることが重要で、この空の意味の元となる名詞の《空》の意味は、後に明らかになるように、実在としての《宇宙の本質》を示しています。

そこで以下のように解釈されます。

観音様は般若波羅蜜多の深い瞑想をされた時に『私達の住む五蘊の世界、つまり諸行無常とみえるこの世界は、実在としての《空》の下にあり、出来事は全て肯定され調和している』と見定めました。

観音様はこの真実を基として、シャーリプトラに衆生救済の道を示されました。

【3】舎利子 色不異空 空不異色 色即是空 空即是色 受想行識 亦復如是

次に出てくる語句《色》・《受想行識》は、大乗仏教で新たに再定義された概念です。

シャーリプトラよ。

宇宙の本来性から説けば《色》は《人間の本質》であり、《空》は後に定義されるように、実在としての《宇宙の本質》です。

そこで《色》は《空》に等しく、《空》は《色》に等しい、と解釈されます。

つまり《人間の本質》は《宇宙の本質》であり、《宇宙の本質》は《人間の本質》である、という真実を示しています。ここに解読された内容は心底驚嘆すべき真実です。

一方、時間空間に制約されている人間の現実性から説けば《色》は《空》に帰還できるし、《空》は《色》に降りてくることができるのです。

《受想行識》は《色》の《精神作用》であるから、これも《色》と同じように《人間の本質》であって、《空》との関係も《色》に同じなのです。

【4】舎利子 是諸法空相 不生不滅 不垢不浄 不増不減

シャーリプトラよ。

ここで、新しい概念として『生命活動の環境』としての《諸法》が追加して再定義されます。

ここで《諸法》は《空》の特質を持ちます。

以下に《空》の基本三特質を示します。

【要約】

最初は不生不滅として、生と滅の対立を超越した「永遠性に基づく宇宙の完全性」を示しています。以後、簡単に「永遠性」と表記します。

次に不垢不浄として、垢と浄の即ち善と悪の二元論的対立を超越した「絶対性」を示しています。

次に不増不減ですが、サンスクリット語原典に遡って確認すれば、その漢語訳は不欠不満とするのが適切であり、その意味は「欠損があるのではなく、満たされているわけではない」となります。

この意味を例示すれば、

ここに「花」という対象と、その花の持つ「美しさ」という高度な概念を考えるとき『沢山の種類の花があって、どれも「美しさ」を持っていますが、このままで「美しさ」の概念に欠損があるわけではなく、しかも「美しさ」の概念が全て満たされていることはない』という意味になります。

そこで不欠不満を現代的に、多様性に伴う「普遍性」と解釈します。

従って《空》の基本三特質は不生不滅・不垢不浄・不欠不満となり、それぞれを永遠性・絶対性・普遍性と定義できました。

この解読で《空》は「実体が無い」どころではない、従来の定説とは正反対の実在そのものである、ことが明らかになりました。

ここまでで《色》・《受想行識》、及び《諸法》は《空》由来の実在であると分類されました。つまり《色》・《受想行識》は《諸法》を環境として、生命活動を展開している活き活きした姿がここに描かれています。

ここまでは《空》に属する《色》・《受想行識》及び《諸法》の話で、この話は一段落です。

【5】是故空中 無色無受想行識 無眼耳鼻舌身意 無色声香味触法
　無眼界 乃至無意識界

次に宇宙の生命活動は《空》の外側に、我々の住む諸行無常の世界を創造し、展開していきます。

ここから、新しく創造された諸行無常の世界における生命活動の説明に入ります。

さて是故空中無として、無を伴って出てくる色と受想行識は《空》の中には無い、と説かれます。

一見《色》・《受想行識》と矛盾して見えますが、この「色」・「受想行識」は初期仏教の語句であり、人間の肉体とその精神作用を意味していて、再定義された《色》・《受想行識》と対に成っていて、この展開にこそ再定義の事実が隠されていたのです。

つまり《空》の中の存在としての《色》・《受想行識》と《空》の中には無い「色・受想行識」とは、異なる世界で有りながら、敢えて同じ語句で表現され、両者は本来般若波羅蜜多の結合関係にあることを示しているのです。

つまり、この般若波羅蜜多の結合関係を自覚して生きることこそ、生命活動の本来の姿なのです。
しかしそれを自覚しなければ、それは無いに等しいのです。

次に人間の知覚機能と、その対象を示している初期仏教の語句、眼耳鼻舌身意、色声香味触法は、これも《空》の中には無いのです、と解釈されます。

ここで最後の「法」ですが、これは人間を取り巻く物理環境を含む生命活動の場を意味しています。
ここで《諸法》は《空》に属していて実在ですが、「法」は《空》の中には無いから非実在となります。

即ち《諸法》と「法」は、それぞれ《空》の中と外に有って、般若波羅蜜多による結合関係を満たしているのです。

即ち宇宙は《空》の中の実在と、《空》の外の非実在とに分類されました。ここに分類された実在と非実在の二つの世界は、般若波羅蜜多の結合関係で成り立っていてこそ、本来の姿と言えるのです。
さらに続けて非実在を示し続けます。

先の人間の知覚機能とその対象と、それに加えて意識機能まで、人間の知り得る全十八種類の要素の全ては《空》の中には無いのです。即ち、ここに示した全ては「諸行無常」の世界であり非実在です。
この否定表現で、非実在と実在とが明確に分離され、そして分類されしかも両者は強い関連性を持って表現されました。

【6】無無明 亦無無明尽 乃至無老死 亦無老死尽 無苦集滅道 無智亦無得

初期仏教の経典、十二縁起の文頭と末尾を「無」で否定します。同様に、初期仏教の経典「四諦」の最重要語句「苦・集・滅・道」を「無」で否定します。

これら十二縁起と四諦は《空》との関連性を説いていないので、般若波羅蜜多の結合関係を生じないから、ここには何ら悟りの知恵も無く、得られるものは何も無いと断定しています。

【7】以無所得故 菩提薩埵 依般若波羅蜜多故 心無罣礙無罣礙故 無有恐怖 遠離 一切顛倒夢想 究竟涅槃 三世諸仏 依般若波羅蜜多故 得阿耨多羅三藐三菩提

これらの経典から得られる知恵は何も無いから、これらの経典を捨てて、新たにここに《空》を中心とした般若波羅蜜多の教えを説きましょう。

地上界の修行者は般若波羅蜜多に自ら共鳴し、般若波羅蜜多の《世界観》を体得しなさい。そうすることで、心を曇らせる障りが無くなります。無くなったが為に、明日への恐怖が無くなります。

般若波羅蜜多の瞑想と行により「色」・「受想行識」を《色》・《受想行識》から遠くに切り離しなさい。そして自ら般若波羅蜜多に共鳴することよって、《色》・《受想行識》の立場に立ちなさい。

さらに「空は実体が無い」というような、虚言を遠くへ離しなさい。そうすれば、《色》・《受想行識》と「色」・「受想行識」とが、本来の般若波羅蜜多の結合関係に戻り、心の自由性と安心感を回復し、涅槃の境地に至ります。

一方、過去現在未来に同時に生きる天上界の修行者は、やはり般若波羅蜜多に共鳴することで、完成された悟りにまで到達します。

【8】故知般若波羅蜜多 是大神呪 是大明呪 是無上呪 是無等等呪 能除一切苦

だからこそ、修行者は般若波羅蜜多の《世界観》を学ぶべきなのです。般若波羅蜜多は霊力のある真言です。全てを明らかにする真言です。これ以上無い真言です。比較するモノが無い真言です。般若波羅蜜多の《世界観》を学べば、観音様によって一切の苦は解決されます。

【9】真実不虚 故説般若波羅蜜多呪 即説呪曰 羯諦羯諦波羅羯諦波羅僧羯諦菩提薩婆訶

般若心経

このような般若波羅蜜多の呪文の持つ偉大な力は、真実であり決して嘘ではありません。

そこで次に、新たに般若波羅蜜多を要約した短い呪文を説きますから、誰もがいずれ体験する、死に臨む際には、これを一心不乱に唱えなさい。

短い呪文だからこそ、おぼえやすく唱えやすく、死に臨んでは様々な障害を振り切って、「彼岸」に到達することができるのです。即ち、その短い呪文とは以下の通りです。

『羯諦羯諦波羅羯諦波羅僧羯諦菩提薩婆訶』。

ここまで説いた真実によって、これまでの仏教は般若波羅蜜多の結合関係が回復し、そのことで仏教は再生され、末法の世はここに終焉するのです。

さてさて、しかしながら、まだ「般若心経」の語句の解釈が残っています。

般若波羅蜜多心経から、重要な「波羅蜜多」の部分を削除した形で表記され、最後は「般若・・・・心経」と結ばれています。

敢えて一部欠落した不完全な姿を最後に示して、般若心経がいまだ未完成であることを現代に伝えています。

ここに敢えて未完成とした主旨は、後世に般若波羅蜜多を体得した人が出現して、般若心経を解読することになるから、その時にこの地球の、その時代の学問や知識を駆使して、その社会や文化環境に合致した般若心経を完成させなさい、と強く示唆しているのです。

以上【要約】　おわり

未完成だった般若心経

目次

第六章 因縁と苦からの開放

はじめに

「般若心経は、霊的に覚醒した人でなければ理解できない」とは、私の師であった五井昌久氏の言葉です。

確かに、これまでに多くの人達が般若心経の解読に挑戦しましたが、私の知る限り世の中にある殆どの般若心経の解釈は「あれも無い、これも無い」と、羅列するだけの実に虚無的内容でありました。そして何よりも、殆どの解釈が「無」と「空」の区別が付かず、収拾が付かない状況に落ち込んでいて実に混乱しています。或いは、経典のいち部分だけを取り上げての解説に終わるため、部分的には意味を持っても全体として辻褄が合わず、多くの矛盾を残したまま、統一的な全体像を描けずにいました。般若心経は二千年近く、このような混沌とした状況の中にあったのです。

そのような中で、著者の霊的覚醒（以下「覚醒」とも言う）による体験に基づく般若心経の解読結果をここに示すことで、一気に混沌の中から抜け出すことが出来たという点で、本書は貴重な存在であると言えます。

その結果はとても具体的で、理路整然とした宇宙像を示すことが出来て、微細に亘って整合し、矛盾の無い宇宙像を示し、宇宙と人間の関係を明確に示しつつ、人々を覚醒にまで導く道を示すことが出来たという点で、実に奥深い内容となりました。

そのようにして解読された貴重な結果を紙面の許す限り、具体的にしかも論理的に説明しました。

著者は本書の終盤で、般若心経が未完成であることを読み解きます。本書では未完成の部分を明らかにし、【完成の章】を追加し、般若心経を完成します。本書のタイトルの意味はここにあります。

般若心経とは、その名前を知らない人はいないくらい有名な仏教の経典ですが、その本当の意味を明らかにした人は著者以外には居ないのです。これは真実であって、決して嘘ではありません。

私は１９４３年2月４日の生まれで、子供の頃から人間と宇宙を知りたくて、いつもその道を探し求めてきました。

私は仏教徒というわけではありませんが、昔風の生家の書院造りの部屋に続く仏間には神棚があり、その横に仏壇があって、その前で母が日課として唱えていた般若心経を、子供の頃からよく耳にしていて親しみをおぼえていました。その後大学では物理学を学び、その後大学の研究機関で十一年間、電子工学や大脳生理学を学び、「ヒトの視覚系の情報処理機構」を研究テーマとして、学術研究者としての道を生きてきました。

二十七歳の時、真摯に真理を求める著者の気持ちに守護の神霊が応えて下さるかたちで、神霊の指導が始まり空不動との修行名を頂きます。そして、山では無くこの現実世界を修行の場として修行を積み、そして覚醒に至ります。

その修行の中では人類の未来と自らの天命に係わる、主たる四つの啓示を受けました。その後も社会人として生きながら振り返ればその啓示の一つ一つを成就しつつ、人類の未来に係わる霊的、実践的な活動を継続しているという、希有な体験の持ち主です。

著者は覚醒をもって満足するのではなく、宗教くささが嫌いな著者としては、宗教活動に入るのでもなく、覚醒の体験を実社会に生かすことこそが、著者にふさわしい真理の実践であると考えました。そこで、大学の研究機関を退官した後も霊的修行を深めつつも山にこもらず、自ら企業を興し社会に直接係わり続けることを誓い現在に至ります。

そしてここから、三十年以上に亘って画像処理、3D地図、自己位置標定、認識技術など、人工知能に係わる基本技術開発に係わり研究者として、そして企業の経営者として社会に係わり続け、そうした中でここ数年は般若心経の解読に深く係わっています。

私の歴史の一切は、人間と宇宙を知りたいが故の道の選択でありました。私は霊的な修行の体験を積み、しかも科学者の言語と論理思考を持っていたために、真理を普遍的に探求し、それを客観的に表現できたのだと思っています。

私にとって、二十代に始まる人間と宇宙を知るための修行は厳しく長い道のりではありましたが、今はその確かな回答を持ってこの書を著しています。

【仏教の混乱期に般若心経は生まれた】

仏陀入滅後、仏教が大きく混乱した時代に仏教再生を求めて人々が集まり、そこに覚者が現れ共感した人達を中心として大乗仏教が興りました。

ここに、これまでには無かった普遍的な世界観が構築され【空】を中心とする思想体系が生み出されたのです。以後、特に般若心経で説かれる世界観を《世界観》と表記します。

従って、般若心経をそれ以前の初期仏教の流れで解釈しようとすると、意味のある有効な世界観が構築できず、解釈がたちまち破綻してしまい戸惑ってしまうのです。

それ故に世に有る殆どの解釈書からは、世界観と言えるほどのモノは読み取れず、語句の表面的な解釈から一歩も出られず、部分の解釈に終始し全体像がぼけてしまい、読者を心底納得させるものは皆無といえます。

それであっても般若心経は二千年近くも「意味不明」のまま、歴史の中に生き続けてきたのです。

ここに今初めて著者の覚醒体験と、積み上げた現代の知性とその両者の融合によって般若心経を読み解いてみればその結果、全体像は実に明瞭でその構成は見事に筋が通っていて、しかも細部に亘って矛盾はなく、人々が救われに至るまでの完璧に記述された思想大系が浮き出てくるのです。

そこには初期仏教との継続性を保ちつつも、新しい概念を導入して壮大な《世界観》を説き、そこに「宇宙の構造」と「人間と宇宙の関係」が徹底的に論理学的に記述されているのです。


過去の誤った解釈にとらわれず、本書の新しい解釈を受け入れるには次の注意が必要です。

般若心経の核となる部分、つまり本書の【第三章】【第四章】【第五章】に相当する部分は、元々がきわめて論理的表現であるが故に、それを解読した本書においても必然的に論理的表現となります。

この章の論理の組み立てを見失ってしまうと、たちまち流れが分からなくなるので、読み飛ばさずに順を追って読み進めることをお薦めします。そうすれば必ずや、誰にでも般若心経の見事に整った美しいまでの全体像が見えてくるはずです。

序章

【般若心経が難解になった理由】

これほどまでに難解で意味不明となってしまったことには、幾つかの理由が考えられます。

難解となった理由その一つ目は、空の三つの性質を示す「不生不滅不垢不浄不増不減」という三対の語句で記述された、文章構造の難解さにあります。

ここには現代の数学的論理に匹敵する重要で緻密な内容が秘められているにも係わらず、従来のすべての解釈書において、何とも虚無的な内容に解釈されてしまったことにあります。

残念なことに、この文章構造を深く掘り下げることなく「空は実体が無い」と重大誤訳がなされてしまったために、全体の意味が全く構築できなくなり、矛盾だらけになってしまったことにあります。

つまり多くの翻訳者は「空には実体が無いのだから、生じないし滅しないし、穢《けが》れないし清くないし、増えないし減らない」と実に安易に単なる否定文の連続として、解釈してしまったのでした。

これでは「空は何も無く、ゼロに等しいのだから、ゼロに何をかけてもゼロ」と言っているに等しく、強引なへ理屈であり無謀なこじつけになっているのです。

これは最重要箇所であるべき文章の致命的な誤訳であり、これ以来世の中には空虚に満ちた般若心経が流布されることになってしまいました。

般若心経を解読するなら、先ず何よりもこの最重要箇所の文章構造を徹底的に掘り下げなければなりません。

ここで掘り下げるべき四点とは
（1）何故にこの語句を選択し
（2）何故に反対の意味の語句を対として、並べて表記したのか
（3）何故に三対も並べて、さらにその意味のすべてを同時に否定しなければならなかったのか
（4）しかも何故にこの三対の語句だけで十分なのか
その理由を明らかにしなければなりません。


そしてもし、定説のような「実体が無い空」の立場に立つならば、ここに提示した四点に関して実体が無い空の観点から、合理的で矛盾のない説明をしなければなりません。

ところで「実体が無い」とはこれはむしろ無神論や唯物論の人にとっては当然の考えであり、何も殊更《ことさら》取り上げるには値しない事柄なのです。

今更そんな、その時代の一般の人達が当然としているような事柄をわざわざ説くような般若心経ならば、これもまた価値の無い教典となってしまうのです。歴史的に世界中には多くの宗教が有りますが、およそ「宇宙の究極の存在を捉えて、そこには何も無い」と説いている宗教は存在しません。

まさにこのような「実体が無い空」が広く流布されている事実こそ、現代が末法の世であることを示す明らかな証拠と言えるのではないでしょうか。

世の中に流布されている実に虚無的な般若心経を、同じ仏教の語句を遣って根底から覆し、「実体が無い空」とは正反対の、「超実体の空」による究極の《世界観》を説く般若心経に完全に生まれ変わったのです。だからこそ、この般若心経の解読は、人類史的に価値があることなのです。

そして一方で科学的という名の唯物論が支配する現代人の常識をも覆す、実に衝撃的な興味深いことだとも言えるのです。

般若心経を解読しようとするならば、まず最初にここに提示した三対の語句を正しく解釈して、矛盾の無い意味を構築しなければならないのです。これを避けては、般若心経の解読は有り得ないのです。

著者は未だかつて、この文章構造を納得できる形で明らかにした文献は一切見たことはありません。

この点に関しては、特に本文中で詳細に論理学的に示しました。

この語句の緻密な論理構造を解読するに当たり、著者が多少は得意とする、現代の論理的手法で注意深く解析することでこれを解読しました。著者は、空の持つ【基本三特質】を、矛盾無く合理的に説明し、「実体の無い空」を完全否定し、「実体そのものの空」を以下に示すことになります。

難解となった理由その二つ目は、《色》・《受想行識》・・《諸法》として、新しい概念を導入し、その事実を隠したことによると思われます。その時、『新しい概念に対しては新しい語句を遣わず、敢えて初期仏教で遣われていた語句「色・受想行識・・法」を再定義して用いたこと』に注目すべきです。

しかしながら解読を進めると、本経典中には、『再定義の事実を示す記述もキッチリとなされていること』が明らかに成ります。即ち、新しい概念を示す説明は有ったということが明らかになります。そして、その『厳密な再定義の論理表現に誰も気づかなかったこと』も注目すべきです。

著者は科学分野の論文記述の経験から、これらの語句の構成の中に再定義のための法則と、その解法を含むいくつかの論理学的記述を発見し、封印を解除することが出来たのです。

一般には宗教と科学とは、その文章表現の方法にかなりの差異があり、互いにかみ合わずにいつもすれ違いが発生してしまうものですが、事この般若心経に限っては、科学論文の記述手法がそのまま通用するという、きわめて普遍的な記述になっていることが明らかになります。

そこで「空の三つの特質」と「再定義」から導かれる新しい概念に基づいて示された論理表現を、丁寧に解釈していけばあれほど難解だった般若心経は、一気に霧が晴れるように見事にその全体像と緻密な部分像を現してきたのです。

難解となった理由その三つ目は、これが本当の理由と思われる所で、訳あって般若心経を封印し、後の時代に開封するという計画に従ったからという理由です。

今、封印が解けてみれば結果として、いずれ後の時代にその時がきてその謎が解けて、その《究極の真理》が開封されるように計画的に流布されたと思われてくるのです。

そこには時代が過ぎ行く中で言語が違っても、意味が変わらないように語句の曖昧さを徹底排除し、きわめて論理学的な記述に徹していると言えそうです。

難解の理由の一つ目も二つ目も、結局は封印にその目的があったのでした。中でもきわめつけは根幹となる語句の再定義の導入により、敢えてその真実を論理の中に示しつつ封印し、それを解く鍵をも呪文の中に隠し、二千年後に解読することでその目的を達成しようとしたことです。

般若心経の真実は、緻密な論理性によって堅く護られたまま現代に至り、今やっと封印が解かれ、その論理を読み解くことができて真理は見事にここに開花したのです。

【まさに今、その時が到来した】

その時が来て、今その難解な論理は解読され、ここに般若心経の全貌が明らかになったのです。

その解読結果は、仏教の枠を越えた人類共通の真理とすべきものであり、人類の思想史を総決算する程のものと言えるのです。そしてそれは即ち仏教再生に留まらず、世界の宗教再生をも意味していることになるのです。

般若心経は、二千年後の私達へのメッセージであり、現代の科学の発達を見越したような内容でさえあります。

つまり語彙も豊富な時代になり、論理学が確立した現代であってしかも般若心経の語る宇宙と、物理学が語る物質宇宙との接点がようやく見えてきた現代だからこそ、私達がこれを理解できる段階に到達したのだと言えます。

著者の見解は以下にキッチリと論理学的に議論を組み立てて、可能な限り曖昧さを排除して論じるつもりです。

特に封印の要として注目すべきは、観自在菩薩が舎利子に直接語りかけるところ、この書では第三章・第四章・第五章に相当しますが、実はここは緻密な論理記述の連続となっていて、まさに圧巻の展開の連続なのですが、ここに「宇宙の構造」と「宇宙と人間の関係」が見事な論理展開で説かれていることをこの書で示します。

第一章

般若心経の編纂と目的

仏説摩訶般若波羅蜜多心経

仏陀が説いた偉大なる般若波羅蜜多の教え

般若心経が編纂されたのは仏陀入滅後、数百年後の事ですから仏陀が説いたものではないことは明らかです。にもかかわらず堂々と仏説と記述されています。

原典の中には「仏説」の語句がない【摩訶般若波羅蜜多心経】も存在していますが、恐らくそれは歴史的に仏陀が直接説いたのではないことと、仏教以外でも普遍的に詠まれることによるからでしょう。

しかし本書では、その理由を当然としながらも「仏説」を採用しています。

その理由は、般若心経は仏教再生を目的として編纂されたという立場を明確にするために、再生のためには仏教の創始者の名で、それを語る必要があると判断したことによります。

それは【第九章】まで読み進んで頂ければ、自ずと明らかになります。

【経典全体を貫く般若波羅蜜多とは】

般若心経には、僅か二七九文字の中に六文字の「**般若波羅蜜多**」という語句が6回も出現し、計三六文字をも費やしています。よほど重要な語句であるらしいことは、その出現回数からも明らかです。

〔文献二〕によれば、**般若波羅蜜多**のサンスクリット語原典での意味は「知恵の完成」とありますが、決してそれだけの言葉で言い表せるような内容ではありません。次第に説明していきますが、**般若波羅蜜多**という概念は初期仏教と大乗仏教を結合するために、なくてはならないものです。

さらにこれを現代的に普遍的に言い換えれば、般若心経が世界中の歴史ある宗教と結合し、一体化するためのキーワードが**般若波羅蜜多**であると言えるのです。

そこで**般若波羅蜜多**はそれほどの重要語句なので、ある程度の結論をここに示してから、先に進みたいと思います。

『宇宙は物質要素と精神要素の両面において、次元を越えて連続する相似性の多層構造によってできています。

この物心両面の相似性の連続した多層構造を「宇宙の**フラクタル構造**」として現代用語との類似性から、新たな造語で呼称することにします。

この次元を超えて連続する**フラクタル構造**に共鳴して全体が一体化するためには、すべてが共鳴する必要がありこの宇宙の**フラクタル構造**に共鳴することを、造語で**フラクタル共鳴**と呼称し、その深さを**フラクタル深度**と呼称します。

そこで宇宙の**フラクタル構造**の中で展開される《生命活動》は**フラクタル共鳴**の中にあり、それを**般若波羅蜜多**と呼称し、般若心経で説かれる《世界観》を含んでいます。

人間は**フラクタル構造**の中を次元を越えて移動し展開し《生命活動》を成就する、そのすべてを一言で最も広い意味で**般若波羅蜜多**と定義します。』

般若心経はこの**般若波羅蜜多**の真実を現代に伝えるために、今ここに蘇ったのです。

ここに示した**般若波羅蜜多**の概略を知ってから先に読み進めば、整理されて良く理解できると思います。

【般若心経の成り立ち】

教えが混乱した時代の仏教再生を目的として、般若心経の編纂者は深い覚醒の体験から、《世界観》とそれに基づく思想体系を構築しました。

しかしながら、ここに明らかになった真実は、混乱の中に伝えられてきた初期仏教を否定しなければならず、その後に「大乗仏教の一部分として位置づけ直す」とする思想体系でありました。初期仏教を絶対として守ってきた人達にとっては、それはあまりにも衝撃的なことであり、到底受けいれられない状況であったことは想像に難くありません。

もちろん編纂者は混乱した初期仏教を否定しつつも、仏教再生のために仏陀に敬意を払いつつ「本当は仏陀はこのように言いたかったのだ」と説いているのです。

その状況を鑑みれば、この時代は混乱した初期仏教の流れを汲む「実体が無い空」が全盛の時代であり「実体そのものの空」を前面に出して説くことはまだまだ危険な状況にありました。

この状況の下で、この革命的な真理を受けいれる環境は未だ整っていないと判断し、時至るまでは、ごく一部の人達で継承していくことにしたものと思われます。

一方、思想体系における根幹となる複数の重要語句を、経典を構成する緻密な論理構造の中にその解法とともに埋め込んで呪文とし、つまり暗号化して封印しそのまま説明や解説を加えずに世に出すことにしたのです。

そしていよいよ末法の時代になり、いずれかの日にいずれかの地域に、**般若波羅蜜多**の体現者が現れるのを待つことにしたのです。

そしてその整った環境で**般若波羅蜜多**の体現者が、この経典を詳細に解析することで、壮大な《世界観》で構成した大乗仏教の神髄を、この緻密な論理構造の中から正しく読み説いて公表するという計画を実行したのです。

こうして二千年近い未来において、般若心経を蘇らせる計画はここに完了したのです。つまり、この現代に仏教再生を託したのです。

結果から言うならば、封印が解かれた般若心経の内容は驚くべきもので、仏教再生のみに止まるものではなかったのです。

玄奘三蔵訳「小本・般若心経」を中心に、時々はサンスクリット語原典に戻りながら「大本・般若心経」をも参考にして、読み解いていくことにします。

以下は、著者による体験を重ね合わせて読み解き、現代用語で著したものです。

第二章

導入部と主旨説明

観自在菩薩
行深般若波羅蜜多時照見五蘊皆空度一切苦厄

観音様は**般若波羅蜜多**の瞑想に入られたときに、まず最初に**五蘊**、即ち「人間が生きる世界」には**『現象と事象』**が展開していることを確認していました。

観音様とは観自在菩薩のことです。その名前の起源は不明確ですが、観音様は長い間、人々の心のよりどころとして、衆生を救い上げる象徴的な存在として語られてきましたので、本書ではそれを継承します。

さてこの書では、現象と事象とを使いわけています。つまり事象とは、現象という客観的事実に人間的意味を与えて解釈した『出来事』を意味しています。

しかも、事象は人間一人一人の心象が創る出来事という世界であり、各自に固有のモノですが、誰もそれを固有と思っていないところが不思議なところです。

言い換えれば、人間とは現象という物理的な意味を生きているのではなく、現象に人間が係わることでそこに新たな人間による解釈が生まれ、それを事象と呼称するのです。

そこで人間とは、現象そのものではなく、この自分固有の事象にこそ最大限重要な意味を置いて生きている存在であると言えるのです。

しかしながら、観音様が更に**般若波羅蜜多**の瞑想を深めていくと、確かに諸行無常の世界は実体が無いのですが、実はその背後には《宇宙の理念》が厳然として存在していると観えたのです。

しかも諸行無常の世界を創っている**『現象と事象』**には、《宇宙の理念》が表現されていて**フラクタ**

ル構造を創っていて一切が必然で有り、一切が肯定されていると見定められたのです。

観音様は、このように人間が生きる世界が《宇宙の理念》の下に、秩序だっている状態を「**皆空**」と呼称したのです。

【編纂者は自らの名を伏せた】

ここでは観音様が、仏陀の第一弟子の舎利子に向かって**般若波羅蜜多**を説くという設定ですが、これは架空の物語であって、その真実は般若心経が編纂された時代に、仏陀と観音様と般若心経の編纂者が時間空間を越えて**フラクタル共鳴**の中にあって、編纂者が説いたのだと理解すべきです。

般若心経の編纂者は覚醒し、自らの役割として**般若波羅蜜多**の原理を悟り《世界観》を示し、自らの名を伏せて仏陀の名の下に仏教再生を目的として教典を説き、次に救済の役割としての観音様に人々が帰依して、そして救われるとするのが般若心経を通しての一貫した姿勢です。

そしてこの本の著者も、この現代に生まれて自らの覚醒を通して、般若心経の解読という「役割分担」を担っているのです。

玄奘三蔵も「役割分担」として、命がけで「天竺」に渡り、自らの悟りを通して般若心経をより現実的に心をこめて漢訳し、広く普及し著者に伝えてくれたことになります。

編纂者が時代を超えてそして宗教を越えて、普遍性を最も大切にするからこそ、役割に徹して自らの名を伏せたのであり、そこには混迷する現代の宗教に対して多くの示唆を与えていると言えます。般若心経の解読が進むにつれて、般若心経の主旨が見えてきて次第に編纂者の凄さが明らかになっていきます。

【五蘊を吟味する】

初期仏教では、五蘊は色・受想行識の五つの要素という意味であり、歴史的に次の二つの意味を持っています。元々は「肉体とその精神作用」という意味ですが、そこから発展して「世界とその精神作用」という意味が生まれました。これまでの文献や翻訳書を見ても、この二種類の翻訳があるようです。ここでは後者の意味として扱うことにします。

さらに五蘊は後に詳しく示す再定義の法則から外れるので、あくまで初期仏教の語句として扱うのが適切と判断しました。つまり初期仏教の説く五蘊とは、諸行無常の世界を意味します。この五蘊の定義が、前著との違いで訂正箇所です。

ただし新旧どちらの定義であっても、その後の皆空の意味と一体化して説いているので、全体の意味に全く変更は生じていません。

次に皆空ですが、ここを「実体が無い」とする翻訳が殆どです。文献一では「五蘊は皆空なりと照見した」であり、文献二では「それらはその本性において空であると見抜いた」と訳されています。

どちらの翻訳者も「空は実体が無い」とのつもりで翻訳している限り、字面は当たっていてもこの翻訳は間違いです。

それはつまり、この経典の構造をよくよく検討すれば、後に詳細に定義される名詞の「空」のその形容詞形として、ここに皆空が出てくる構造となっています。

つまり皆空はこの後の【第三章】・【第四章】・【第五章】で定義される名詞の空の意味の、その形容詞形の意味として訳さなければなりません。

空が定義される前に皆空の意味を翻訳することは不可能なのです。

文献二において、ここをよく吟味してみると空にかかる語句の意味は「本性」「実体」「自性」「自律」などであり、漢訳ではこの部分が抜けています。

そこで後の空の定義を取り入れて、さらに皆空の空は形容詞であることを強調して「五蘊は実体を有する、空の支配下にある存在と見極めた」、或いは「五蘊は実体なる存在の下の空的な存在と見抜いた」、或いは「五蘊は自分自身で自律して存在する、空に満たされた存在と見なした」、などの意味に解釈できます。

「空」は後に厳密に定義されるように「空が実体」と知って読めば、ここは抵抗なくスンナリと読めます。

しかしながら一方で般若心経編纂当時は、否ある意味では現代に至るまで、「空が実体」という概念は一般には到底受け入れられず、それ故に強引な「実体が無い空」という解釈が導入されました。それが現代に至っても、この大きな誤謬《ごびゅう》が仏教界を支配的に覆い尽くすことになってしまったのです。これを「末法」といわずして何と呼べば良いのでしょうか。

そこで著者は後に定義される名詞の**空**の意味から解釈して、サンスクリット語原典では形容詞である「**空**」の意味を大切にして解釈しました。

つまり**五蘊皆空**の部分は「初期仏教のいう諸行無常の世界は、**空**の支配の下にあり**空**のエネルギーが満ち満ちている状態である」となります。

五蘊皆空の説明はまだ不十分なのですが、この章で語れるのはここまでであり、詳しくはすべての定義が出揃う【第五章】以降に再度**五蘊皆空**について説明します。

そして観音様は、この見定めに基づいて衆生救済の方法を以下のように示されたのです。

ここに観音様は、守護の神霊として登場してきます。後の章で詳しく述べますが《生命活動》を展開するには、守護の神霊の存在が不可欠であり、人間が生きる上で守護の神霊無しには何事もなしえません。

即ち、玄奘三蔵が度一切苦厄をここに入れたことにより、守護の神霊としての観音様の存在とその働きを明確に示したことになります。このことは般若心経の成り立ちにとって、革命的に素晴らしいことなのです。

般若心経の導入部がここに示されました。長文の「大本・般若心経」によれば、仏陀が主導する**般若波羅蜜多**の瞑想中に、観音様がシャーリプトラの質問に応えるという仮想の物語として説かれたことがわかります。

ここからは観音様が語る直接話法になります。

第三章

再定義によって新しい生命観を説く

舎利子
色不異空空不異色
色即是空空即是色
受想行識亦復如是

■ここからはじまる般若心経の核心となる章つまり【第三章】【第四章】【第五章】は、霊的覚醒無くしては決して解けない部分です。著者は先ずはじめに、この三つの章を中心に解読しました。

そして、人間の本質は宇宙の本質と同等であり、実体そのものであるという真実が、見事な論理性によって説かれます。

この三つの章を中心に、そこで明らかになった真実から【第六章】【第七章】【第二章】及びそれ以外の章へと展開していき、般若心経の全体像が明確になっていきます。

ここで説かれる真実を語ることは、著者の霊的覚醒に至る体験そのものを語るに等しく、そこに全くギャップは無いのです。

【理解を容易にするために結論を先に示しておく】

結論から言えば《色》・《受想行識》の語句は、初期仏教時代には知られていなかった「人間の本質」を示す新たな語句として、緻密に計算され尽くされた論理性の中に「再定義」して、ここに示したのです。初期仏教の語句と区別し、再定義されている語句であることを強調する場合には《・・》色付き二重カギ括弧で表記することにします。

この章では再定義された《色》・《受想行識》の語句が、従来の仏教で遣われてきた語句の「色・受想行識」から大きく発展展開して、しかも密接な関係を持って記述されています。

【第五章】ではじめて般若心経が、再定義という手法で封印されたことの合理的理由が、明らかになります。

さらに、再定義の論理的証明は特に重要ですので【第五章】の後の【挿入章】で詳しく示します。

さて、般若心経では内容の区切りを示しつつ、観音様はシャーリプトラに語りかけています。

シャーリプトラよ！

ここで観音様は《色》と空の関係及び《色》・《受想行識》の関係を、以下のように説いたのです。

ここでの注目点としては、次第に明らかになるように【第三章】に表れる《色》・《受想行識》は【第五章】に表れる初期仏教の同じ語句（色・受想行識）とは区別されていて、この両者が対比する形で《色》・《受想行識》が再定義され議論が展開されていくことです。

ここで示した再定義の結果から《色》・《受想行識》は「人間の本質」であって、《色》は「人間の本質」の生命体としての表現であり、《受想行識》は「人間の本質」の精神作用としての表現です。

そこで今後《色》・《受想行識》は《生命体》・《精神作用》と記述することもあります。

後にこの部分を含めて、玄奘三蔵訳はサンスクリット語原典での解釈と比較して示されますが、この部分の玄奘三蔵訳の色不異空空不異色の部分は……

《色》は空に等しく、空は《色》に等しい。となります。

この章では空の説明が無いまま《色》は空に等しく、空は《色》に等しいと説かれます。

さて空の説明がないままでは、その意味がよく分かりません。

【結論を先に示してから説明する】

ところで、般若心経は論理的に暗号化されているために、順番に解釈していっても意味が構築できません。最後まで行って、すべての定義を解読したところで、初めて意味が理解できるように構成されています。

そこでこの書では、読者にとって分かりやすくするために、前もって結論を先に示しつつ説明をしていきます。

そこで【第四章】で明らかになる空の［基本三特質］をそれぞれ、「永遠性」「絶対性」及び「普遍性」と表記して、解読を先に進めます。

さて先に結論を示したことで、この章の解釈の準備は整いました。

ここで空の［基本三特質］で《色》と空の関係を論じれば以下のようになります。

先ず色不異空空不異色は《色》と空の関係を入れ替えて、繰り返し表現をしています。それを訳せば……

《色》と空は等しく、空と《色》は等しい。となります。

しかも空は先に示した結論から「永遠性」「絶対性」及び「普遍性」の［基本三特質］ですから三つまとめて、それを「宇宙の本質」と言い換えれば……

《色》は「宇宙の本質」である空と等しく、空は「人間の本質」である《色》と等しい。となります。

そこで色不異空空不異色は

「人間の本質」は「宇宙の本質」であり、

「宇宙の本質」は「人間の本質」である。という結論に導かれます。

ここでさらに付け加えますが「人間の本質」は《超人格》であり、「宇宙の本質」は《超実体》と言うことができます。

後に詳しく述べますが、これは時間空間を超越した観音様による「本来性の立場」からの見解です。

さて次に、般若心経では最も有名な色即是空空即是色の解釈に移ります。

ここまでの玄奘三蔵訳の説明において、色不異空空不異色は時間を超越した「本来性の立場」からの見解としましたが、次の色即是空空即是色は、現実世界を生きる人間から見ての《色》と空の関係であり、ここは次元変換プロセス経過の意味であり、簡単には時間経過の意味と理解してかまいません。

つまり瞑想によって、《色》はいつでも空に行けるし、空からいつでも《色》に降りてくることが出来る、との意味になります。これを「現実性の立場」からの見解と位置づけます。後に詳細を説明します。

【本来性の立場と現実性の立場】

色不異空空不異色は、これは時間空間を超越した観音様による「本来性の立場」からの見解でした。そして色即是空空即是色は、時間空間に拘束される我々人間の立場であり、これは「現実性の立場」となります。

この観音様の「本来性の立場」は時間空間に拘束されている我々人間の感覚では、直接把握できない世界ですが、私達の本質はそのような所に存在していて、「現実性の立場」とフラクタル共鳴の関係にあって密に結合しているという、きわめて重要な真実がここに説かれているのです。

【受想行識は以後省略表記される】

そして受想行識亦復如是に続きます。即ち《受想行識》は《色》と同じである、となります。即ち、《受想行識》と空の関係も《色》と空との関係に「同じ」である。と言う意味に到達します。

《受想行識》は「生命体の精神作用」を表現していて、特に「肉体の精神作用」に結合して、「肉体」側により近い精神作用として、肉体側に寄り添います。

後に詳しく述べますが、この結合関係をフラクタル結合と呼称します。

《受想行識》は《色》と一体のまま、「肉体の精神作用」にフラクタル結合し、空につながる世界と現実の世界を結合して、現実世界でも活動することができる存在であり、現実世界で《生命活動》を展開する役割を持つ、人間のもう一方の本質なのです。

《受想行識》は《色》とまったく同様に、空の【基本三特質】に関して空そのものです。

即ち《精神作用》は《生命体》とまったく同様に、空の【基本三特質】に関して空そのものです。

《色》・《受想行識》は生命体として一体不可分ですから、《色》に関する記述は《受想行識》にも同じように成り立つので、以後いつも「《受想行識》も《色》に同じ」、として記述するのはきわめて煩雑になるので、今後本書では両者を使い分ける必要が無い限り、《色》についてのみ記述し、《受想行識》は省略します。

これが玄奘三蔵版の解釈であり、後にサンスクリット語原典と比較されます。
ここまでが般若心経の核となる最も重要な真理です。

それから後に厳密な議論をしますが、色不異空空不異色と、前後を取り替えての繰り返し表現は、この関係が論理学的には「必要十分条件」という記述法であると、現代人であれば気づくことができます。

簡単に言えば、《色》と空は常に等しいと言う意味です。インドはアーユルヴェーダの国であり、数学の発祥の地ともいわれていることが思い出されます。

【再定義された《色》は「人間の本質」を示している】

後に明らかになるように

①・空は宇宙の根源です。そしてここまでの解釈から

②・《色》は空と本質的に等しい存在であることが明確になりました。それに加えて【第五章】の後の【挿入章】で明らかになる再定義の原理から

③・《色》には再定義以前の初期仏教の同じ語句（色）が対応していて、《色》はその同じ語句（色）の本質を表現していると言えます。そしてこの対応関係こそ、**般若波羅蜜多**の関係であるということができます。つまり**フラクタル共鳴**の関係であるということになります。

そしてその次に、受想行識亦復如是と出てきますが、これはそのまま自然に《受想行識》は《色》と同様であるという解釈になります。即ち…

④・《受想行識》は空と等しい存在であり

⑤・《受想行識》には般若波羅蜜多の関係として、再定義以前の初期仏教の同じ語句（受想行識）が対応していて

⑥・《受想行識》は初期仏教のその同じ語句（受想行識）の根源を表現していることがわかります。

これらの関係から、以下の真実が導かれます。

「人間の本質」は、再定義された《色》・《受想行識》との二つから成り立っています。

般若心経が編纂された時代の初期仏教の中では、人間を語るとき色を肉体、受想行識をその精神作用とし、この語句でもって人間を説明しました。

肉体とその精神作用は本来一体ですが、敢えて二つの部分として分けて呼称したのです。この分類の合理性は【第五章】で明らかになります。

【《生命体》・《精神作用》】

そこで般若心経では、この分類をそのまま「人間の本質」に対しても対応させるように、空から個

性と役割を持って分かれた《生命体》としての《色》と、その《精神作用》としての《受想行識》とに対応させて呼称しています。

ここで空とは、すべての《色》・《受想行識》の母胎となる真の実在であり、存在の本質であり、究極の存在なのです。

《超実体》をここでは実在と表現し【第五章】に出てくる、諸行無常の世界を非実在とし、対照的に表記されます。

人間は《色》・《受想行識》という《生命体》・《精神作用》が、空から使命を持って地上に降りてきて肉体に結合し、空の中から《宇宙の理念》を展開している存在なのです。

《生命体》・《精神作用》は《生命活動》の「役割分担」を担い、その使命をしばしば天命と呼称します。

そして度一切苦厄と宣言した観音様も……さらに一般化して言えば、守護の神霊も人間と同じつまり守護の神霊も本質的には人間と同じであり、人間の《生命活動》を守護しているといえるの《色》・《受想行識》という《生命体》・《精神作用》であるのです。これは重要な認識です。

即ち、空から使命によって「役割分担」された《色》・《受想行識》という《生命体》・《精神作用》が、宇宙に展開すること、これが宇宙の《生命活動》なのです。

【空は定義しがたい存在】

次章の【第四章】で説かれることですが、〔空〕の語句は既に遣われているので、ここである程度説明せざるを得ません。

〔空〕は定義し難い究極の存在です。〔空〕を定義できない理由とは、それは明らかなことなのです。

ここでしばし私達の住む世界を俯瞰した視点で捉えて、そこでよく考えてみましょう。私達の言葉は常に私達の世界の中で生活した経験を基にして生まれた言葉から成り立っており、それ以外の世界を前提とはしていません。ですから〔空〕という私達の世界以外の世界を、私達の世界の言葉で表現することは、ほぼ不可能に近いことなのです。

私達の言葉では〔空〕の世界を表現するための語彙が、決定的に不足しているのです。

私達の言葉で言えることは、『〔空〕とは宇宙の根源であり、《宇宙の理念》であり、完全なる存在であり、実体そのものである』ということまでです。しかし般若心経では言葉と論理を駆使して、その詳細にまで踏み込んでいます。それは【第四章】で示されることになります。

【空】とは説明もできず、名を付けようのない究極の存在です。ですから直接的に名付けることを避け、修行によって「心を空しくした時」にのみ、それを体験できることから「そこに至る手段」と「その時の心の状態」をもって呼称することとし、それを〔空〕と名付けたのです。

このように人間は常に空の〔基本三特質〕としての「永遠性」と「絶対性」と「普遍性」を同時に

矛盾なく合わせ持ちながら、《生命活動》を展開することができるという真実がここに示されたのです。これは価値の混乱する現代においてこそ、特に重要な意味を持ってくることになるのです。

※――――――――※

【※サンスクリット語に戻って確認する】

玄奘三蔵訳の般若心経で十分に意味は通じますが、サンスクリット語原典では、表現は多少複雑になり意味も複雑になります。それを詳しく知りたい方のため、以下に【※印】をつけて説いておきます。

そこで次にサンスクリット語原典から、この部分を日本語訳で吟味してみましょう。【文献二】から引用してみます。

ここでシャーリプトラよ

色かたちはそのものずばり空なるものであり、そのものずばり空なるものこそが色かたちなのであり、そのものずばり空なるものは、色かたちと異なることなく、色かたちはそのものずばり空なるものと異なることなく、およそ色かたちなるものは、そのものずばり空なるものであり、およそそのものずばり空なるものは、色かたちなるものであり……と続きます。これに【文献二】から、漢語への翻訳を合わせてみると以下のようになります。

色即是空　空即是色
空不異色　色不異空
色即是空　空即是色
……と表記でき、順番が代わって繰り返しの文章が三対となります。

そこでこの三対の意味を明確にしましょう。
ここで三対とした理由は、次章【第四章】に示すとしてこの部分をより詳しく解釈することにします。

三対の内の一つ目の「永遠性」に関して
《色》は空と一体に成れるし、空は《色》と一体に成れるのです。

二つ目の「絶対性」に関して
空は《色》と全く同じであり、《色》は空と全く同じなのです。

三つ目の「普遍性」に関して
《色》は空と一体に成れるし、空は《色》と一体に成れるのです。

【サンスクリット語原典による三対での表現とは】

サンスクリット語原典で確認すれば、これ程の短い経典にも係わらず、わざわざ三対にまでして何度も繰り返す表現となっているという事は、これが般若心経の中でも、特に重要な部分であることを意味していると判断できます。

以下説明が多少複雑になりますが、編纂者の気持ちをより深く理解するために、複雑に絡み合った紐を一つ一つ解きほぐしていきます。

即ち空の［基本三特質］には三種類あって、《色》と空はそれぞれについて等しいと言っていることになります。著者はそれを「永遠性」「絶対性」「普遍性」と書いてしまいましたが、編纂者は空は直接触れてはいけないモノとして敢えてそれを書いていません。

さらに編纂者は、その内容は次章【第四章】に出てくる空が自ら変質した空相の特質から類推して、理解しなさいと言っているのです。

人間にとって空は直接理解するのは困難ですが、空相なら私達人間でも多少は理解できるかもしれないからなのです。

ところで次章【第四章】に詳しく説明するように、空相の「基本三特質」は「永遠性」「絶対性」「普遍性」であることを後に示します。

しかも「絶対性」だけは、空不異色色不異空として、空と《色》はまったく不変であり空由来であることを強調しています。

さてここで「人間」そのものの定義は、我々が日常的に用いる「人間」という漠然とした意味のまま話を進めることにします。

これだけの準備で先に読み進めば、編纂者の主旨がより深く理解できてくると思います。この文章の持つ複雑な構造について、さらに説明を続けます。

ここで「空」の「基本三特質」の三つの内の二つ、「永遠性」と「普遍性」に関する記述は一回目と三回目に対応しています。これは次元変換プロセス経過からの記述であり、それは即ち空から多様性をもって分かれた《色》から見たときに、初めて意味があるものとして、その表現はどちらも色即是空空即是色と記述され、《色》の立場から繰り返しが始まっています。

ここで上記以外の二回目の繰り返し、空不異色色不異空は空から始まって上記と明確に区別されています。

それは即ち「基本三特質」の三つの内の一つ、「絶対性」だけは次元変換プロセス経過に関係なく、その分離の過程とその多様性に関係なく、空自身が本来的に持っている空側からの特質であるために、空の立場から空不異色色不異空と記述されているといえるのです。

ですからこの順番とこの表現法、即ち「○即是□□即是○」及び「□不異○○不異□」に十分な意味があり、この複雑な文章表現に矛盾は無いことがわかります。

さらに「空は実体が無い」とする定説では、もう既に解釈は破綻していて、全く意味をなさないことは明らかです。

……ここまでで、サンスクリット語原典での解釈を終了します。

※――――――――――※

【原典を踏まえて玄奘三蔵版を説く】

前述のようにサンスクリット語原典では、「基本三特質」である永遠性、絶対性、普遍性の三種に対応させた形で《色》と空の関係を説いたために、《色》と空の繰り返しが三回の繰り返しとなっています。

一方、玄奘三蔵訳では［基本三特質］の三分類とは無関係に《色》と空の立場を「本来性の立場」と、「現実性の立場」と二分類したために二回の繰り返しとなったのでした。

この分類によって［基本三特質］の三分類に対応させた意味はなくなり、新たな二分類としての意味が発生しますが、実はこの追加された意味がきわめて重要で、般若心経の主旨はさらに進展したと判断されます。従って以後、本書ではこの玄奘三蔵の翻訳で説き進めます。

【第五章】以降で述べるように、現実世界を生きる人間側に合わせて肉体を持ったまま《色》は空に至り……その後に、その役割を果たすために空から「現象の世界」にまで降りてきて、肉体を通して《宇宙の理念》の下に《生命活動》を営むことができると説明したのです。

後に、さらに明らかになるように、確かに現実世界を生きる人間にとっては「本来性の立場」で表現した色不異空空不異色よりも、「現実性の立場」を強調した色即是空空即是色の方が実践しやすく、より親しみやすく感じます。

時空を超越した「本来性の立場」の見解としては、このままで空は《色》に等しく《色》は空に等しいのです。

しかし、時空に制約される現実世界からの見解としては、《色》はしばしば空に帰還し、そして再び空から《色》に戻り、後述するように肉体とフラクタル結合した状態で現実世界に《生命活動》を展開することができるのです。

【再定義にそって解釈してこそ初めて意味が明確になる】

このように［空］と［《色》・《受想行識》］を、新しい《世界観》を表す新しい概念として取り入れ般若波羅蜜多の原理に従い、再定義したのです。

ここで、観音様が宇宙全体を表す場合に二重括弧付きの《世界観》と表記します。

さて［《色》・《受想行識》］が再定義されているという事実は、後の【挿入章】で明らかにします。

第四章

「《生命活動》の環境」及び「基本三特質」

舎利子是諸法空相不生不滅不垢不浄不欠不満

次に《諸法》と空相の関係について示します。ここで《諸法》は「再定義」されていますが、その証拠は【挿入章】に示します。観音様は《諸法》を人間の生きる「《生命活動》の環境」として説き、最後にいよいよ空の［基本三特質］の謎を解きます。

シャーリプトラよ！　よく聴きなさい。

ここで《諸法》とは空相に所属している存在です。

そして空相とは空が自らを変質させ形式化することで、法則的に表現し空の特質を受け継いでいます。

つまり《諸法》とは、空相に所属し「《生命活動》の環境」と定義される複数の《法》の集合です。

そして玄奘三蔵訳では、空相の［基本三特質］は「不生不滅」「不垢不浄」「不増不減」と表されます。

ここでの三つ目の「不増不減」は、本書で後に「不欠不満」と訂正されます。

ここで《諸法》とは《法》の複数形ですから、「《生命活動》の環境」の《法》の集合を意味しています。ここで《諸法》が再定義されたことで、空に属するすべての実在が出そろいました。

そこで次の真実が明らかになります。

即ち【第三章】で説かれた『《色》・《受想行識》は、【第四章】で説かれた《諸法》という環境の中で、最も根源的で本質的な《生命活動》を継続している』・・・という真実です。この真実は般若心経において最も重要な真実です。

ここで《色》・《受想行識》と《諸法》との関連性で見てみましょう。

⑦・空相は空を具現化し形式化した存在でした。そして空は宇宙の根源でした。そしてここまでの解釈から

⑧・《諸法》は空相に含まれる存在であることが明確になりました。それに加えて【挿入章】で明らかになる再定義の原理から

⑨・《諸法》には再定義以前の初期仏教の語句「法」が対応していて《諸法》はその同じ語句である「法」の本質を表現していると言えます。

そしてこの再定義した語句と再定義以前の語句との対応関係こそ般若波羅蜜多の関係であり、それは《色》・《受想行識》・・《諸法》が初期仏教の同じ語句（色・受想行識・・法）のそれぞれに対応している関係であるといえます。

⑩・空の中の世界、即ち《色》・《受想行識》・・《諸法》の世界では《色》・《受想行識》が《諸法》を自由に創造しながら、一体となって生命活動を営んでいます。この世界では、「山よ動け」と言えば、山は動くのです。

【《諸法》とは複数形の法】

ここで《諸法》とは法の複数形であることから、空相の中には複数の法が存在します。「人間の生きる環境」は《諸法》の中の一つの法による一つの宇宙に所属し、人間は物心両面において法に一切を支えられ守られて生きているのです。

さらに法が複数形であることの解釈として、数学理論、論理性、情緒性等を同じ法に含めるか、或いは違う法に含めることもできますし、さらに直接的に空相に所属すると、分類することも可能であります。これは単に定義の問題であり、どちらにしてもそこに全く矛盾はありません。

本書ではそれらは【基本三特質】から導かれる属性であり、空相に属すると定義しておきます。ただし、これで人間と環境の全てを説明したことにはなりません。次章【第五章】ではここに「諸行無常の世界」を取り入れてその関係を説き、さらに詳しく述べることになります。

【基本三特質】は最初に空相で定義される

サンスクリット語原典で確認すれば、諸法空相とは「《諸法》は空の性質を持つ」となります。この「空の性質を持つ」を玄奘三蔵は単に空相として、名詞一言で表現しています。これは私の体得した理解に一致していて後々、便利なので以後これを踏襲《とうしゅう》します。

そこで空相と表現した空の性質は、諸法空相に続いて、「不生不滅」「不垢不浄」「不増不減」で表現されることになります。

私達の所属する《法》は《諸法》の一つであり、《諸法》は空相に所属し、空相は空を形式化したものですから、《諸法》は空の性質をそのまま受け継いでいます。

《諸法》は空相としてここに様々な「《生命活動》の環境」として、再定義されたことになるのです。

既に述べたように、ここで空は究極の存在であり、直接説明することはきわめて困難です。

そこで空を具現化し、形式化した空相を通して〔基本三特質〕を定義し、結果的に空を間接的に説明することにします。

ここで直接的にではなく、何故間接的に説明することに合理性があるのかと言えば、それは空相と空は般若波羅蜜多の関係に有るからそれが可能なのです。

現代用語で言い換えれば、空相と空はフラクタル構造をなしていて、フラクタル結合の状態にありフラクタル共鳴の中にあるから、それが可能なのです。

フラクタル共鳴を生み出す般若波羅蜜多の意味が、かなり明確になってきたと思います。

【〔基本三特質〕の解読】

さて既に結論は示してきましたが、次にいよいよ〔基本三特質〕について詳しく説明します。

その〔基本三特質〕の一つ目は「不生不滅」であり永遠性を表しています。

つまり《諸法》の所属する空相は、生と滅を超越した「永遠性」として存在し続けていることを意味します。

さてここからは単に言葉の定義のことですが……

空と空相はフラクタル構造をなしていますから、空相の根源が空であり、空相における永遠性は空にまで辿《たど》れば「永遠性」となります。

そして、同時にそれは空の完全性を表しています。

【不生不滅を纏める】

そこで従来は「空は実体が無いから、生じることもないし、滅することもない」とする解釈が主流でしたが、本書では「空相は永遠の存在で《超実体》として存在し続けているのだからこそ、今更生じることもなければ、滅することもないのだ」と解釈します。

そしてフラクタル結合された空相の根源が空ですから、空の特質の一つは「永遠性」となります。

生と滅という反対の意味の語句を同時に否定することで、今自分の居る時間に縛られた世界を排除し、時間の外側のところに「永遠性」という新たな概念を創り出しています。この表現法は、自己を除いてその外側に出る表現法です。

ただし「永遠性」という語句そのものが、現象の世界の中のある特殊な状態を表現する語句であるため、「永遠性」を空相の特質を表す語句とするには多少無理があるといえます。ここで「永遠性」

とは時間軸の上での永遠を言っているのではなく、時間を超越した「完全性」を言っていることになります。

そこで「不生不滅」を「時間の超越性から導かれる完全性」とするのが適切と思いますが、ここは分かりやすさを優先して「永遠性」を遣い続けます。

そこには時間が無いのではなく、時間の根源となるより本質的な特質が厳然と存在していて、しかも単に永遠性という性質だけではなく、背後には常に時間を超越した「完全性」が成立していることを心に留め置いて下さい。

そこで般若心経では、「不生不滅」として、今自分の居る「現象の世界」の時間軸の両端の互いに相反する状態を、同時に否定することで自分のいる「現象の世界」を除外視し、その外側に出ようとしているのです。

さて時間軸の中で、原因があって何かの結果が生まれる世界のことしか私達は知りませんが、この原因結果の世界の外側には、最初から存在しつづけているという「実在の世界」が有ることに思いを至らせてください。

つまりこの「不生不滅」によって自分のいる「現象の世界」の外側の空と空相の世界を表現しようとしているのです。

この表現法をここでは「自己排除的二元超越法」と呼称します。これは現代でもこのまま通用する見事なまでの数学的論理であると言えます。

次に【基本三特質】の二つ目は「不垢不淨」であり「絶対性」を表現しています。つまり「垢」と「淨」との対立を否定することで善と悪の対立からなる二元論を超越し、そして相対価値を超越した絶対価値を一元論的に表現していて、人間による《生命活動》の精神性の中心的支柱となっているのです。

従来は「空は実体が無いから垢も淨も無い」とする解釈が主流でしたが…本書では「空と空相は完全な存在で実体そのものだからこそ、今自分のいる二元論的な「垢と淨」の対立する相対の世界ではなく、つまり二元論としての善と悪の対立する相対の世界ではなく、善悪の対立を超越した絶対の世界」つまり空と空相の世界が存在すると解釈するのです。

ここでは垢と淨が無いと説いているのではなく、垢と淨から成る二元論的相対価値を超越した絶対価値が存在していると説いているのです。

先の「不生不滅」が「有限な現象の世界」を越える表現であったのに対して、この「不垢不淨」は「相対的な事象の世界」を越える表現であると言えます。

この事象の世界こそ実質的に人間が住んでいる世界であり、人間は各自ここに自分特有の価値観を創っていて、その価値観のままでは相対価値に過ぎないのですが、般若波羅蜜多の中にフラクタル共鳴することで、その深度に応じた絶対価値、即ち絶対性の世界が現れてきます。つまり「絶対性」が絶対価値を表すことから、真理は一つであることを、そして空は唯一であることを示しています。

ここに、絶対価値が存在すると指摘したことは「相互の関係しか成り立っていない」とするような相対価値が氾濫する、今の仏教の中で極めて重要な指摘です。

「不垢不浄」は以後、フラクタル共鳴への理解が深まるにつれて、さらに明らかになります。覚醒するとは正にこのフラクタル共鳴と一体化することなのです。

そして当然この「不垢不浄」も自己排除的二元超越法であることは明らかです。

さて次は〔基本三特質〕の三つ目です。

玄奘三蔵版では「不増不減」と訳されています。

その意味は空と空相は原因結果の世界ではない、つまり諸行無常の世界ではないと説いています。

従来は「空は実体が無いから増えることもなく減ることもない」とする解釈が主流ですが…玄奘三蔵は空と空相は、実体そのものであり増減のある『現象と事象』の展開する「世界」ではないから、つまり「変化変容する諸行無常の世界ではないから不増不減である」と翻訳したのです。

それは即ち、今自分のいる変化変容する諸行無常の世界を「不増不減」と否定することによって空と空相の「基本三特質」を表現しています。

言い換えれば、生と滅の「現象の世界」と垢と浄の「事象の世界」との両方を増と減を繰り返す諸行無常の世界と見定めて、それらを共に同時に排除し、その外側に増と減の無い不変なる空と空相の世界を定義しようとしています。

そして空相の世界とその根源の空の世界として、「基本三特質」を位置づけようとしています。しかし、この場合は「一の特質」と「二の特質」を纏めたのが「三の特質」と言う意味にしかなりません。つまり後に示す結果から言うならば、この玄奘三蔵訳からは三対の語句からなる「基本三特質」とは、三分類のようで実際には独立した二分類でしかないと解釈されてしまいます。このことは後に吟味します。

さてここに記述してある「基本三特質」が示す真実は「この私達が住んでいる諸行無常の世界を否定することで、その外側に《色》・《受想行識》という空の世界と《諸法》を内に含む空相の世界が存在する」と記述しているのです。

【玄奘三蔵訳には未解読の部分が残っている】

玄奘の解釈は「基本三特質」の三分類の三つ目を「不増不減」と解釈したために、実質的に独立した二分類となってしまいました。

そこで実質二分類となった［基本三特質］を一つに纏め、それに密接に関連付いている前章の《色》と空の関係を色不異空空不異色として「本来性の立場」とし、ここにもう一つの「現実性の立場」を新たに追加することとして、それを色即是空空即是色とし、ここに新たな二分類による二回繰り返しとして表現することになったと理解されます。

このように解釈することで、矛盾の発生をうまく回避できたと思います。これはこれで「本来性の立場」と「現実性の立場」という二つの立場を導入することができたことにより、後に続く解釈においてきわめて良い影響を与えることになりました。そこで本書ではこの解釈を積極的に採用することにします。

さて、玄奘三蔵は［基本三特質］を独立した三分類として解釈しなかったことは明らかなので、サンスクリット語原典に遡って、矛盾の無い形に整えて本来の意味での独立した三分類に解釈したいと思います。「不生不滅」「不垢不浄」はよいとして、三つ目の「不増不減」からは「普遍性」の意味がなかなか出てきません。

そこで本書では「不増不減」の部分を再びサンスクリット語原典に戻って、元々の意味を確認してみると「不増不減」とする玄奘三蔵の解釈では重要な意味が失われていることに気づくのです。

サンスクリット語原典に遡れば、空相の持つ［基本三特質］の三つ目の特質は決して無視はできない内容となっています。そこには新たな重要な発見があるのです。

この部分のサンスクリット語原典の日本語直訳は、文献一によれば以下のようになります。

「欠損があるのでもなく完全に満ちているのでもない」

本書では以下、これを「不欠不満」と訳して表記することにします。これも当然、自己排除的二元超越法なのです。

【不欠不満は普遍性を表している】

諸法空相をそのまま訳せば、空相は多様性をもって表現され「空相の中に《諸法》が欠けることはなく、しかも空相が完全に《諸法》で満たされることはない」となります。

しかし、これがこの表記の全てではなく、さらに大きな意味の展開があります。

【普遍性を具体的に説く】

この「不欠不満」の意味を、例え話で、分かりやすく説明してみましょう。

ここに「美しさ」の表現された花という対象と、その花の持つ「美しさ」という高度な概念を考えるとき、世界には沢山の種類の花があって、そこには花の多様性があり、どれも「美しさ」を持っていますが、それで「美しさ」の全てを表現したことにはなりません。今ある沢山の花はこれで、すべてではなく、さらに種類を増やし数を増やす余裕があります。

つまり、今のままで「美しさ」の概念に欠損があるわけではなく、そして同時に「美しさ」の概念がすべて満たされているわけではないという意味になります。

読者におかれては、この部分を何度も読んで「不欠不満」を理解し「普遍性」の意味をよく吟味してください。

この「不欠不満」の真実を正しく知ることが、独善のない普遍的な愛を知り、世界の恒久平和の姿を理解することに繋がります。

私達の住む世界は有限であり、きわめて限定された世界ですから、そこにすべての概念を表現することは不可能ですが、それであってもできるだけ多様性を尊重し、そこに普遍性を確保しようとするのが宇宙の《生命活動》なのです。

ですから、もし一つの宗教で世界を統一するなどと考える人達がいれば、それはまさに人類の可能性を頭から否定することになり、空相のもつ普遍性に最も反することになるのです。現代から未来にかけて、そのような傾向を持つ宗教の存在価値は既に無くなっていると言えます。

【世界の恒久平和の鍵】

この解釈で、玄奘三蔵の残した矛盾は完全に解消したと思われます。そしてこの解釈こそ「現代が必要としていた解釈なのだ」と言えるのです。これでついに［基本三特質］は、独立した三分類として解釈できたことになります。

既に示した「不生不滅」「不垢不浄」が人間による《生命活動》の精神性の基盤となっていて、最後にここに示した「不欠不満」が普遍性を強調することで、愛や赦しや、進歩と調和の概念を生み出しているのです。さらにこの普遍性は、人類の恒久平和の実現にとって、最も重要な原理となります。従って、サンスクリット語原典における元々の意味の［基本三特質］の三つ目は「不欠不満」であり、「普遍性」を表現していることになります。

【般若波羅蜜多の正体】

これで空を示す［基本三特質］の独立した三分類が揃いました。

宇宙という全存在の中で［基本三特質］が展開する姿が般若波羅蜜多の正体です。

そして般若波羅蜜多が動くときに《生命活動》となり、そのエネルギーの伝搬がフラクタル共鳴といえるでしょう。

【多様性の中に普遍性が表現される】

《諸法》は《法》の複数形であることから、その帰結として《宇宙の理念》は多様性を持って、しかも普遍的に表現されることを示していることは既に明らかにしました。

【《諸法》は複数形・《色》は単数形】

《色》と《諸法》は対比的に表現されていて、そこに重要な意味が隠されています。

《諸法》は複数形で表記されている一方で《色》は単数形で表記されています。

それが意味するところは《諸法》はそのまま複数と理解してよいが、《色》とは一つ二つと数えられるような分離された存在ではなく、《色》は空の全要素を持ったまま、空の各要素の密度を様々に変えた存在であると言えます。

そして《受想行識》も《色》に準じます。

つまり、各要素の密度分布の違いは個性とその働きの違いなのです。つまり人類の一人一人は決して孤立した存在ではなく、実は空という本質の世界を共有し、その働きに適した濃度に分布をしている存在なのです。

このように《色》と《諸法》とは対比的な表現となっていることが読み取れます。

この対比とは空の世界と空相の世界の対比を意味します。

この対比を重要視すれば、《色》の個性には多様性があって、その中に普遍性が表現されますが、《色》は複数にはならずに、あくまで種類としては一種類であることを意味していることになります。

《諸法》は「《生命活動》の環境」として、多様性があって複数に表現され《色》は《生命体》として多様性があっても単数形と表現されています。

この対比を分かりやすく言えば、「《生命活動》の環境」としての宇宙は複数ですが、そこで《生命活動》を展開する《生命体》は、つまり人間は…そしてそれが宇宙人であっても人間と別ものではなくその本質は《色》・《受想行識》であると言うことです。

その意味を地球上に表現することが人類の恒久平和の意味であり、それを伝えるのが現代に蘇った般若心経の主旨でもあります。

【必要十分条件と必要条件】

さて話は多少厳密になりますが、ここで諸法空相を現代的に論理表現すれば「《諸法》は空相である」となり「《諸法》であるためには空相であることが［必要条件］である」ということになります。

敢えてこの意味を補足すれば、【第三章】における《色》と空の関係は［《色》→空］［空→《色》］との表現であることから［必要十分条件］でしたが、【第四章】の《諸法》と空相の関係は［諸法→空相］の片方のみであり［必要条件］であると主張していることになります。

まあこの関係を日常の言葉で平たく言えば、《色》と空は全く等しいが、空相と《諸法》は対等ではなく《諸法》は空相の一部であると言っていることになります。

たった数文字の中に、これほどの重大な論理表現が成されていることが読み取れます。そして諸法空相に比較された表現、つまり《色》と空のあの繰り返し表現の合理的な意味が、このことからさらに明確になったとも言えます。

……ここで第三章と第四章をまとめて述べれば……

《色》・《受想行識》は空そのものでしたが《諸法》とは空自身を多様的に多面的に多層的に表現した空相であり複数の《法》を含んでいます。

ここで《生命活動》の視点から言えば、《色》・《受想行識》は空と一体としての「主観の存在」であり、そして一方の《諸法》はその《色》・《受想行識》の《生命活動》を支えるために空から分かれた環境という「客観の存在」であると言えるのです。

つまり、唯一絶対なる空は主観と客観に分かれて、或いは空自身と環境に分かれて互いに「役割分担」をして《生命活動》を展開しているということができます。

【生命は一つ環境は複数】

ここまで空・《色》・《受想行識》・《諸法》・空相について詳しく述べてきました。

このことから空に一致する《色》・《受想行識》と空相に属する《諸法》とが、互いに係わり合う実在の世界の中に「《生命活動》の根源」が存在していることになります。これは、キッチリ押さえておきたい真実です。

さてここに、空の世界という最重要の真実が明らかになりましたが、しかし未だ説かれていない初期仏教で語られるところの「諸行無常の世界」があります。

そこで我々が生きる、この「諸行無常の世界」と「空の世界」との関係を説明したいのですが、まだ説明のための語句が不足しているので、詳細は次の【第五章】で述べることになります。

私達が如何に生きるべきかを考えるには、この【第五章】を知って初めて可能となります。

第五章

再定義とフラクタル構造

是故空中無色無受想行識無眼耳鼻舌身意無色声香味触法無眼界乃至無意識界

これ故に空中には、「初期仏教が説くような人間と世界」は存在しません。

この章の文頭には「是故空中」とあります。是故とは、その前の【第三章】と【第四章】で既に説かれている空、《色》・《受想行識》、《諸法》、空相のことを受けています。

【再定義の論理的記述】

次に、空中の存在としての《色》・《受想行識》を心に留め置いて、先に読み進んでください。

そこで、この章で始めて登場する「無」を伴って出てくる、色・受想行識から始まる一連の語句は、これは再定義の基となった初期仏教の語句であります。

それは即ち、前章までの《色》・《受想行識》は空中の存在であるとの記述を受けて、さらにその空中には、この章で初めて「無」を伴って出てくる、色・受想行識は存在しないのだ。と記述されています。

ここでは、ただ「無」と言っているだけではなく、《色》・《受想行識》と色・受想行識がフラクタル結合していて、人間としての《生命活動》を営んでいる。という最重要な真実をもここに説いていることになります。

まさにこの文字列こそ、再定義を示す語句なのです。

ここに《色》・《受想行識》が**色・受想行識**の本質として再定義され、その真実を封印しているのです。

さてここで、「**無**」は**空中**の中に**無**いと訳します。「**無**」は存在そのものの「有る無し」を表していると同時に、**色・受想行識**は人間にとって「実体は無い」との意味を含み、「実体が無いと認識せよ」との修行の意味をも持ちます。

このように同じ語句を関連した複数の意味に用いることを、ベクトル分割と呼称し、特にベクトル分割が**フラクタル構造**を創るときに、それをフラクタル分割と呼称します。まさに「再定義」こそ**フラクタル分割**そのものです。ここでベクトルとは「意思」のことであり力と方向を持ちます。

さて初期仏教では、文献によれば元々色は肉体、受想行識は肉体に付随する精神作用であり、それぞれ感知作用・知覚作用・意志作用・認識作用を意味するとされています。

般若心経では**色**を《色》に対応させ、**受想行識**を《受想行識》に対応させるように、**フラクタル分割**して再定義した表現なのです。

全く同様に、**法**と《諸法》も**フラクタル分割**されて再定義されることになります。

つまり、この記述こそが「再定義」を示しているところなのですが、これは特に重要なので【挿入章】に論理学的に詳しく示しておきました。

そこで……ここから導かれる帰結は、以下のようになります。

《色》・《受想行識》・《諸法》が存在する空中には、以下の初期仏教が説く旧語句は無いのです。即ち空中には色・受想行識は無いのです。

【全十八界の否定】

続いて、空中には機能としての眼耳鼻舌身意も無いのです。さらに空中には、その対象となる色声香味触法まで無いのです。

さらに重複して、眼界から意識界まで無いのです。

「無色・無受想行識」に続いて、「無眼耳鼻舌身意」・「無色声香味触法」の意味は、色・受想行識に直接関連している機能「眼耳鼻舌身意（六根）」と、それに対応する「《生命活動》の場」の個々の対象「眼耳鼻舌身意（六境）」を、空中には無いと否定しています。

さらにそれに続く「無眼界乃至無意識界」の意味は、先の六根と六境を重複させて、さらにその六根と六境とによって生じる「心の世界」の六識を、空中には無いと説いています。正確には眼識界、耳識界、鼻識界、舌識界、身識界、意識界の六識を加えた全十八界の頭と終わりを「乃至」で挟んで示し、結局は全十八界のすべてを空中には無いと説いています。

ここで既に出現している六根と、その対象である六境と重複しており、それに加えて、それらによって生じる「心の世界」の六識を加えた全十八界を、空中には無いと説いています。

■やっと語句が出揃い《世界観》を語れる

《世界観》を語るための基本的な語句は全て出そろいました。そこで・・・

《色》は《人間の本質》であり、空そのものの［基本三特質］を満たす存在であり、時空を超越した完全なる存在であり、《宇宙の理念》を自らの理念として五蘊の世界に色を纏って降りてきて、諸法と法という環境の中で、《生命活動》を展開しています。

ですから人間とは今更救われることもなく、今更悟るのでもなく、はじめから救われているし、はじめから悟っている存在なのです。ですから人生とは、それを一つ一つ確認しながら、生きていくことでもあります。

【《諸法》の再定義のために法を表に出した】

もし編纂者が再定義のための法と《諸法》の関係を説く必要がなくて、全十八界を示すだけなら

「無眼界乃至無意識界」だけで、或いは全十八界を全て並べるかで、事足りる筈です。

　再定義の目的で、「無眼耳鼻舌身意」・「無色声香味触法」との重複表現が必要となったのです。

　それは即ち、敢えて重複させて《諸法》の再定義の基となった『法』の語句を見える形に表現し、ここにフラクタル分割による再定義を明確に示していることになります。既に答えは示していることですが、《諸法》と法がフラクタル結合されていて、フラクタル共鳴関係にあることは、正式にはこの章で明らかになりました。


　著者にはもう一つ「無色声香味触法」を重複させて表記したことに、或る重要な意味が感じ取れます。それはここに登場する「色」は、現代用語の「いろ」そのままの意味であり、いろを持つ「物体」や「形」という意味でもあります。

　これは色・受想行識の色ではなく、ましてや《色》・《受想行識》の色でもないことは明らかです。つまり「いろ」の意味は既に複数有って、ベクトル分割されているという既知の事実があります。つまりカラーの「いろ」の意味を肉体の意味に、そして物体や形の意味にと、既にベクトル分割されています。このことから発展的に考えれば、この色をさらにフラクタル分割して《人間の本質》の《生命体》の意味にまで、自然の流れで展開しているのではないか、と思われる点です。

　そして同じ展開の意味を持ってこの六境の中に、色も法もフラクタル分割のために、出てくることになります。実際にこの展開は、著者が再定義を発見するヒントとなりました。拙著「暗号は解読された般若心経」及び「同名の改訂版」は、このスタンスから解読しています。そして混乱を避けるために、前著と本書とで解釈が異なる所は、こちらの解釈を正式の解釈とします。

【全十八界とその中の六識の吟味】

さて先の全十八界の説明で、六根と六境によって生じる「心の世界」が六識であるという点を思い出して、次に進みましょう。

これら初期仏教における全十八界の個々の分析表現は、必ずしも現代にそのまま通用するかどうか、著者は多少疑問に思うところですが、ここではこの分析に使用した語句の分類をそのまま採用します。

しかしここで、著者は敢えて現代の大脳生理学の知見と著者の体験を通して、次の【第六章】で重要な意味を持つことになる、六識の最後の「意識界」に至るまでを、六識の最初の「眼識界」から始めて、追加説明しておきたいと思います。

【六識の最初の眼識界の現代的意味】

初期仏教では「眼界」は「色界」を認識し、それを心の世界に投影した世界が「眼識界」と解釈されます。

これを現代的に解説すれば、「眼識界」とは目の前で生じている物体の集合（色）を、人間の視覚

（眼）が捉えた後、人間の大脳皮質（識）が、コンピュータグラフィックスのように、人間に都合良く創り出した大脳皮質の統合認識作用の結果なのです。この現代的な理解ができれば、人間の外側の物理的な世界を眼識界が捉える姿は、物理的な現実そのものではないことは、現代ならば誰もが理解できるはずです。　そもそも眼識界は空中には無いのですから、実在ではないのです。

ここでは視覚（眼界、色界、眼識界）として説明しましたが、同じ説明で聴覚（耳界、声界、耳識界）でも、臭覚（鼻界、香界、鼻識界）でも、味覚（舌界、味界、舌識界）でも、触覚（身界、触界、身識界）でも同じです。

これらは、人間が地上で生活するために進化の中で到達した結果であり、この統合認識による世界は実在ではないということになります。

【色は《色》の宇宙服として進化した】

人間の本住の地は空中であり、そこからこの現象の世界に降りてきて、空中とフラクタル共鳴を保ちながら生きている存在です。

現代の知識で補足すれば、色・受想行識は空から空相経由で展開して、進化論に似た過程を経て地球の環境に適応しつつ、フラクタル共鳴に導かれ動物から進化した色はついに、空から直接降りてきた《色》・《受想行識》とフラクタル結合しました。

《色》・《受想行識》と色・受想行識はそれぞれが反対方向に展開して、そしてフラクタル結合したという、そういう深化の過程を辿ったのです。
その後人類史的にも、そして人生の中でも様々な体験を通して、《色》は色と共に進化し続けます。《色》は《人間の本質》として限りなく素晴らしいが、「色」はシステムとして完璧に近い存在です。

ここで般若心経において、空中として定義された範囲は《色》・《受想行識》・《諸法》までですが、「色」は非実在といえど《諸法》から生まれた「法」の一部の存在であり、当然空相起源ですから皆空の一部であって、時間軸を無限に取ることで基本三特質を満たしています。つまり、「色」は常に空の性質を保持しています。ですから、最終的に「色」は《色》に完全に整合するまでに成長できるのです。まさにその時、主観と客観は完全に一体化し、生命活動が成就するときなのです。

「色」は《色》の宇宙服としての機能を満たし、地球環境に適応してきました。しかし、それ故に「色」は常に動物性を抱えており、避けられない人間の「負の側面」をも生み出します。しかしながら動物性といえど、それ由来の「負の側面」と言えど、それは断片の時間しか知り得ない、現実を生きる人間から見ての話で、観音様の立場からは常に全肯定の中にあります。色・受想行識は宇宙の一部としてみれば、優れた機能を持った《色》・《受想行識》の器なのです。決して、色・受想行識を悪者扱いしてはいけません。

そしてもちろん、動物性も「負の側面」も、人間の本質ではなく「実体が無い」のです。

つまりこれらはすべて、『現象と事象』に係わる説明でした。

この段階の説明では、まだまだ『現象と事象』は諸行無常の世界そのものです。そしてこれらはすべて、実在ではなく非実在であるとして「無」で否定され、「空中の存在ではない」と決めつけられます。この否定のプロセスがあって後に、全肯定のプロセスに展開していきます。

【「行」として重要となる「意識界」の説明】

同様に六識の最初の「眼識界」をよく理解した所で、六識の最後の「意識界」の説明に移ります。

「法」に属する現象を取り込む機能の「意」は「意識界」に情報を送り、「事象」を創ります。

六根・六境から取り入れた疑似物体と、六識が認識した色・形・重さ・柔らかさ・音・臭い・味などの属性を付加して、脳内で創り上げた疑似空間・疑似時間に取り込まれます。

疑似時間は大脳皮質の中で、生体リズムから創られます。

疑似空間と疑似時間の中に、事象を形成し、最終判断がなされ、それが最終出力として、事象として記録されます。

そして人間は、この疑似時間と疑似空間の中の疑似物理現象を、自分の世界として生きていくのです。

しかしこれら意識界で最終的に構築された世界は、人間が生活する上ではなくては成らないモノですが、これには実体がなく、疑似空間と疑似時間の中で展開される事象の世界なのです。

つまり最終的に意識界は、大脳皮質が認識した結果の世界であり、脳内で創り上げた固有の世界です。これは明らかに実在ではなく「無意識界」なのです。そして、そもそも意識界は空中には無いのです。

ですから、覚醒に至るためには空中のみを実在として、それ以外を非実在として理解する「行」が必要となります。

この行は、空中には無い全十八界を「これは空中には無い」として、つまり実在ではないとして、これを非実在の世界として位置づける大切な行がこれから始まります。五感から知る世界を、実在では無いと位置づけることは比較的簡単です。しかし、意識界を位置づけることはきわめて困難なことです。そこで、この特に困難な意識界を狙って、それを越えるために徹底的な行が始まります。

この行を成就できるか否かが、覚醒に至るか否かの別れ道となります。

■フラクタル結合関係から《世界観》を展開する

【話は戻って《諸法》と法の対応】

再定義されたことで、般若心経の《世界観》はきわめてシンプルに表現されることになりました。

それこそが、人類が求めている《世界観》なのです。

【《諸法》と法のフラクタル結合関係】

ここで、一部説明が残っている《諸法》と法の対応関係について、追加説明したいと思います。法は既に「《生命活動》の場」と定義されました。この章で《諸法》の再定義がなされましたが、その意味する所は《諸法》と法はフラクタル結合の関係にあることから、《諸法》は「《生命活動》の場の根源」であり、同時に「《生命活動》の環境」と定義されます。

さらに法に付与された「物質性」と「精神性」も、また《諸法》の「物質性の根源」と「精神性の根源」であり、その法と《諸法》とはフラクタル構造を成しているのです。

これで《色》・《受想行識》・・《諸法》がすべて空中の存在として、すべて再定義されました。

そこで「実体が有る」と言えるのは、この空中の存在のみであり、色・受想行識及び眼界から始まり意識界までの全十八界はすべて空中には存在しないのでした。

空相に所属する《諸法》のさらにその中の一つの法は、当然【基本三特質】を持ちます。そしてその法は、その外側に法として人間が生きる「《生命活動》の場」として、つまり五蘊として諸行無常の「世界」を創り出しています。

【全肯定のための「行」のプロセス】

そして次に明らかになった真実は……

空中には《色》・《受想行識》と《諸法》が織りなす世界が存在しているのでした。

そして「諸行無常」の世界はそれだけでは実在では無いけれども、空中の世界にフラクタル共鳴しているときには、空中の投影として生命は生き生きと輝き、般若波羅蜜多の状況に有るのです。

【『現象と事象』の表記法】

さてここでは『現象と事象』は「五蘊の世界」「実体が無い世界」「非実在の世界」「諸行無常の世界」として、一旦は「無」として全否定されます。

ただし注意すべきは、後に詳しく示すように一旦「無」で否定された『現象と事象』は、空中とのフラクタル共鳴を確認することで、『現象と事象』として全肯定されるまでに話は展開していきます。

さて、ここで色《いろ》表記の「有る無し」ですが、色《いろ》無しは上記の意味として、それから一般化して『現象と事象』として遣っています。

さらに、未だ空中とその外側とのフラクタル共鳴を知らない状態、或いは未だ不明の状態を色無しの『現象と事象』と表記しています。

そして、さらに色文字の『現象と事象』は「本来性の立場」から、即ち観音様の視点からの見解なのです。それは様々な個別と見える『現象と事象』が、本来の**フラクタル結合**状態にある場合を前提として、すべての『現象と事象』が**フラクタル共鳴**となっている場合を強調して、**色**文字で表記しています。

さらに意識界は多層構造となっていて、最深部では**色・受想行識**と**空中**の世界の**《色》・《受想行識》**とが**フラクタル結合**し、そこに**フラクタル共鳴**状態が成り立っているのが、本来の人間の姿です。

そして**法**が**《諸法》**と**フラクタル結合**し、そこに**フラクタル共鳴**状態が成り立っているのが「環境と場」の真実の姿です。

そして、これらの**フラクタル結合**を人間が事象として認識すれば、その事象という固有の世界に、そこに**フラクタル共鳴**が発生し《生命活動》が円滑になされることになります。

即ち、あれほど徹底的に否定した「全十八界」は、最後には**フラクタル共鳴**状態に生まれ変わるのです。

そのことは、**五蘊皆空**を自覚した事を意味していて、**空**の光に包まれ、まさに「人間讃歌」を全身で、そして人生そのもので味わっていることなのです。

つまり**《色》・《受想行識》**から切り離れた認識の下にある**色・受想行識**だけでは、錯覚の意味しか持たないのですが……**《色》・《受想行識》**と**フラクタル共鳴**にある**色・受想行識**と認識できれば、そこには空の支配が行き渡っていて、まさに五蘊皆空と見えていて、フラクタル共鳴を強める事象を生成することになるのです。それが観音様の見解なのです。

【《色》が色とフラクタル共鳴にあることの重要な真実】

さてここまで説明してきて、やっと重要な真実を述べることができます。

《色》が複数形ではなく、単数形で説かれていることを思い出してください。

観音様の境地に至れば、肉体という色をもったまま「私は《色》であって、同時に空であり、宇宙における「唯一の実在」である」と宣言できることになります。

そこで、実際に深刻な問題として存在しているように、時代を超えて複数の覚者が同じように「私は『唯一』の実在である」と宣言することが発生します。この場合、普通の人間からはきわめて矛盾しているように聞こえてしまい「いったいどちらが本物の『唯一』なのか」と迷ってしまいます。そしてそれが、宗教の根本的な対立の基となってしまうのです。「私の信じる神こそが『唯一』で、あっちの神は偽物だ」と……

しかし般若心経の説く《世界観》に立てば、人間の本来の姿とは、「肉体としての色が《色》に帰依し、空に等しい《色》に一体化して、フラクタル共鳴で結合している状態」を言いますから、覚者が「自らは空である」という自覚で、「私は『唯一』の実在である」と宣言できるのです。

ですから、前述の複数の覚者の宣言は、そこに全く矛盾が無いことが分かります。

その一方で、現実を生きる上でとても重要な認識として、人間とは自ら「唯一の実在」と宣言できるほど覚醒して、《色》と一体化した人も居るし、全く**フラクタル共鳴**が無く、殆ど《色》が隠れてしまって「**色**」としか見えない人まで、これだけの幅があるという事実です。これが現実であることを認識していなければ成りません。

【実在と非実在の境界】

【第四章】で示したように、まさに宇宙は「**不生不滅・不垢不浄・不欠不満**」であり、時空を越えた絶対にして普遍の存在であるのでした。

《色》・《受想行識》と**色・受想行識**との間に、実在と非実在との境界があります。

このように初期仏教は、これだけでは錯覚の世界、実体の無い世界「**無**」の世界に留まっていることになります。

しかしながら、ここで驚嘆すべきは【第三章】と【第四章】で示したように、**空中**には「**基本三特質**」を満たす実在の世界が存在するという真実です。

そして、すべての根源の**空**と「**人間の本質**」である**《色》・《受想行識》**と、環境の根源としての**空相**及び「《生命活動》の環境」としての**《諸法》**は、この**空中**の存在なのです。

言い換えれば**空中**には**空**そのものと、**《生命体》**としての**《色》**と、その**《精神作用》**としての

《受想行識》と、空を形式化した空相及びそれに所属する《諸法》が実在しています。これが【第三章】と【第四章】の結論でした。

【「《生命活動》の場」として法を位置づけ、その根源として《諸法》を位置づける】

前章で述べたように、ここで《諸法》は「《生命活動》の環境」と再定義しましたから、一方の「法」は「《生命活動》の場」そのものとなるのでした。

つまり、《諸法》は初期仏教の語句の法との関係で、再定義されていることが明らかになりました。

つまり、この法の本質として、法の背後にあって、法を管理するのが再定義された《法》ということになります。

【整理してみよう】

整理すれば、《色》と「色」が、《受想行識》と「受想行識」が、そして《諸法》と多くの「法」が、対応していてそれらはすべてフラクタル結合されています。

そしてさらに「空」と「《色》・《受想行識》」と「色・受想行識」が、さらに「空」と「空相」と、「《諸法》」と「多くの法」もフラクタル結合されています。

ですから般若波羅蜜多の「瞑想」と「行」によって、深いフラクタル層に至ることができるのです。

このように次元を越えて連続する相似性の関係が「宇宙のフラクタル構造」なのです。そして「宇宙のフラクタル構造」は、独立して三分類された【基本三特質】の三つの軸として、フラクタル共鳴を発生させているのです。

正にこれこそが大乗仏教の神髄であり、般若心経の説く《世界観》なのです。

ここで説明のために、無以下で表現された「空中の外側の世界」を「空外」と省略して呼称すれば、「空外」は諸行無常の世界であり、それだけを観察すれば、それは前述の通り錯覚の世界に過ぎません。

観音様から見れば、空中と空外とは一体化していて般若波羅蜜多の関係にあり、重なって存在していますが、この錯覚の世界からみれば肉体としての色と、その精神作用としての受想行識と、総合認識の「意」の対象としての「法」が、空中から孤立していて実に不安定な存在として見えています。

このことは一人一人の人間の主観が各自の事象を生み出し、それが各自の世界を作っていて多くの場合、それが錯覚の世界を作っていることを意味しています。

このように人間は空外に肉の身を置きながら、同時に空中の世界に生きることができる存在なのです。何故なら「人間は本来空の住人だから」なのです。

ここに般若心経においてはじめて、大乗仏教の神髄として《色》・《受想行識》・・《諸法》が空中の存在として示され、一方、空中の外側には、初期仏教の色・受想行識・・法を「宇宙のフラクタル構造」として位置づけたことになります。

ここまでで、宇宙のフラクタル構造を理解することで、般若波羅蜜多の意味はより明確になったと思います。

【《諸法》と「法」の対応関係】

《色》・《受想行識》と「色」・「受想行識」との対応は既に述べましたが、ここで《諸法》と「法」との対応について、さらに追加しておきましょう。

以下は、ここまでの知見から導かれる一つの解釈です。

《諸法》は「不生不滅」「不垢不浄」「不欠不満」ですから、その中から生まれた時間と空間とエネルギーと、エネルギーから変質して生まれた物質は後に示すよう「法」に所属することになります。さらに、法と意が生み出す事象がこの時間・空間・エネルギー及び物質に深く係わります。

【現代物理学との接点】

現代宇宙論は、時間・空間・エネルギー・及び物質の面だけから捉えた世界観です。一方、般若心経の《世界観》では、時間・空間・エネルギー・物質の基本構成要素の四種は法に所属します。

《諸法》の中の一つの《法》の、その《法》から生成された法に、それらの基本構成要素の四種は所属します。それらが私達の住む物質世界を構成しています。

つまりこの四種が「ビッグバン宇宙」の基本構成要素であり、さらにその基本構成要素を結びつけている物理法則は、一つの法に固有の存在であります。

ここでは《法》と法の境界が未だ曖昧のため、別の解釈も成り立つのですが・・・しかしこれは定義の問題であり、どのように分類するかの問題となります。

即ち上記、基本構成要素の四種の内、エネルギーだけが《諸法》に属していて、残りを法に所属させるとする分類もあり得ます。或いは時間・空間・エネルギーを《諸法》に所属させ、残りを法に所属させるとする分類などの可能性が考えられます。

この分析と分類は物理学の問題として、学術的に大いに議論し実験と観察により、更に吟味すべき点ではありますが、本書では最初の解釈を採用します。

ここで最初の解釈に戻って、「ビッグバン宇宙」は複数存在しますから、法は複数有るという意味になります。つまり正確には、《諸法》は諸法に対応していることになります。しかし、ここでは我々の住む半径138億光年の「ビッグバン宇宙」のみに関して、単数形の「法」を対応させます。この表現は、宇宙はこれ以外にも沢山あるという現代宇宙論の知見に基づいています。

私達の知っている物理法則は、この一つの**法**の中でのみ有効であり、他の**法**では別の物理法則が成立すると考えられます。

つまり私達が直接触れている物質世界は、私達が所属する一つの**法**の中のほんの一角なのです。

「**法**」の世界では、ビッグバンによってエネルギーの一部は物質となり、限られた空間と時間軸上で様々な核反応や化学反応によって性質を変え、その密度や分布によって多様な現象を作ります。そして物質の一部は単細胞の発生に至り、やがてバクテリアや植物や動物にまで進化していきます。従って生物は《**諸法**》の直轄下にあると同時に、**法**の産物であることになります。

ところで、核反応や化学反応は単に物質の作用として説明できますが、その中から植物や動物に進化するというのは、なかなか説明が付きません。実は、それこそが**フラクタル共鳴**の作用なのです。

その**フラクタル共鳴**の作用により、バクテリアから進化した動物ですが、その中のホモ・サピエンスを《**色**》と密に**フラクタル結合**できるまでにさらに進化させ、そこを**色**とし、そこに《**色**》が降りてきて**フラクタル結合**したのが、人間という特別の存在であると言うことができます。

さらに言えばビッグバンの前後を含め、その後の時間空間の広がりとその中で展開するすべての現象が、**フラクタル共鳴**の作用であるといえるのです。

このように時間と空間とエネルギー及び物質は、《**諸法**》から**法**への係わりの中にあり、**法**の側に存在していると解釈できます。
この《**諸法**》と**法**の境界部分こそが、現代において現代物理学がやっと到達した、深淵の世界であると言えます。

【二つの問題提起】

ここで《**諸法**》と**法**の境界と、その内容の分類に関して二つの問題提起をしておきます。

この書では、物質が生まれるビッグバンの時点からその直後をその境界としました。現代物理学でいうビッグバンは、般若心経の「《**諸法**》」による「**法**」の発生と対応していて、ここが現代物理学と般若心経との接点となっているのでした。

しかも現代物理学においては、時間・空間・エネルギー・及びエネルギーが変化した物質による「現象の発生」について、未だ明確にはなっていません。ましてや「事象の発生」については手つかずのままです。ですから《**諸法**》と**法**の境界については、今後議論が出てくるところでしょう。

二つ目として、実は《**諸法**》も**法**も精神作用を含んでいますから、現代人が知っているのは物質面からみた《**諸法**》の一部と**法**の一部ということになります。

現代科学では、事象のように精神作用を持つ何らかの対象に関しては一切不明なのです。例えば、**法**に所属していて物質に作用する「**精神の作用子**」という概念は、未だ現代科学には存在しません。

ましてやその「**精神の作用子**」に対応していて、その根源において制御し管理しているであろう**《諸法》**に所属する**《精神の制御系》**というものは、現代科学においてはまだまだ未知の分野です。

つまり現段階では、『現象と事象』の関連性については一切不明なのです。そこには強い関連性があるにも係わらず、なのにです。

ここで一つ現代物理学において、量子力学における量子状態が観測という人間の意思、即ち人間の発するベクトルに係わっているかも知れないとする見解があり、物質と精神の関連性の証拠として、何らかの発見を期待したいところです。

【《諸法》は事象を現実化する】

さてここで再確認ですが肉の身をもつ私達は、今**法**に生きているのですが、物理現象をそのまま生きているのではありません。物理現象に元を置く「出来事」に意味を見いだし、そこに精神性を見いだしているのです。そしてそれが事象であり、それに伴う精神性も**法**と**《諸法》**の範疇です。

つまり最初に話したように、私達は現象の中に住んでいても実は事象を生きているのです。人間は事象を生み出しながら、事象と現象との相互関係により《生命活動》を継続し、そこに**《諸法》**からのたゆみない指導的働きかけがあり、円滑な《生命活動》の展開ができていきます。

【肉体を持つ神、大自然を司る神々、大地の祖霊】

《諸法》の持つ高度な精神性は、しばしば民族文化の中では、人間と深い関係をもって語られてきました。

日本の山岳信仰のように、孤高にそびえる雄大な山体に対して崇高な気持ちと畏敬の念を持ち、そこに宇宙を重ねて見ていて、自然は意志を持ち、そこに『神』が宿ると考えるのは人間の自然な発想であり、それは崇高な事象です。

環境の本質の《諸法》による高度な精神性が、人間の生み出す崇高な事象と共鳴して、実際にそこに『神』が宿り、部分的に宇宙の投影が成されるのです。つまり大自然の営みの中に『神』を見て、そこに宇宙との**フラクタル共鳴**が発生するのです。それが般若心経のいう**般若波羅蜜多**でもあるのです。

《諸法》の持つ高度な精神性は**空**由来であり、《色》・《受想行識》が「色」・「受想行識」にではなく、大自然に宿る時に『祖霊』と呼ばれます。歴史的に、人間からはしばしば『大地の祖霊』として、或いは自然界を司る『神々』として崇められてきました。その『神』の下には『神の使い』がいて、人間と係わり、人間を助けたり時にはいたずらもします。

一瞬たりとも環境から離れては生きていけない人間にとっては、太陽に感謝し、大地に感謝し、恵みをもたらす山の幸、海の幸に感謝するのはごく自然な心の営みです。それは間違いなく『祖霊』であり、『神』であり、『神々』であり、そして『その使い達』なのです。この自然界には間違いなく『神々』が住み、歴史的にも長く人間の生活に密着してきた信仰の姿があり、アイヌの信仰や日本の古い信仰に見られます。

【信仰をフラクタル共鳴の中に位置づける】

歴史的に世界には様々な宗教があって、それらの信仰者が創る事象がベクトル共鳴を強めていきました。はじめは限定的に存在し求心力として作用していましたが、その後幾つかは普遍性を獲得して宇宙的**フラクタル共鳴**に達したモノもあります。一方では普遍性を確保し得ず、従って**フラクタル共鳴**には至らず、**ベクトル反共鳴**（後述）となって孤立してしまったモノもあります。

ここでベクトル共鳴とは、或る範囲で事象の共鳴が生じているが、それが**フラクタル共鳴**に成長するか否かが、まだ決まっていない状態を言います。それが普遍性を獲得して**フラクタル共鳴**に至る場合と、部分の共鳴だけで普遍性を獲得できず独善的になり、**フラクタル共鳴**に反した作用となり**ベクトル反共鳴**となってしまう場合があります。

様々な信仰における死生観は独自に形成されましたが、個々のベクトル共鳴によって現象と事象との境界が曖昧のまま、期待値を持って語り継がれてしまうことで、普遍性が無くなったものも沢山あります。

これらの死生観にともなう霊的現象の多くは、未だ限定的な個々のベクトル共鳴の中にあり、そこに絶対性・普遍性を持つモノはごく少数です。

しかしこれらも《世界観》の下に位置づけ解釈し直せば、フラクタル共鳴の中に位置づけられて、十分に意味を持ってくることになります。

宇宙は基本的に《色》・《受想行識》そして《諸法》によって営まれています。

既に《色》・《受想行識》は、「人間の本質」であり、同時に空に到達した守護の神霊であることは述べました。

守護の神霊は《色》・《受想行識》として、「人間と本質」を同じにしています。人類史的には人間にとっての『神』は、守護の神霊以外にも肉体を持ったまま、即ち色を持ったまま神と成り空中に出入りする神も存在します。そして、さらには自然信仰における大自然と共にある『神々』も確かに存在しています。

フラクタル共鳴の中にある例として、日本の神道は神と人間との境界が曖昧で、人間と同じように色を持ったまま神になれるし、神があの世もこの世も行き来して活躍するような、実に鷹揚《おうよう》な般若心経の《世界観》をそのまま神のすみかとするような形も存在します。

このように、それぞれの民族の歴史によって様々な解釈の世界が存在し、「これだけ」とは決して限定できないのが「不欠不満」の意味する真実です。

ただし、普遍性の無い解釈は次第に衰退してフラクタル共鳴に至るモノのみが残っていきます。

さて空相由来の《諸法》による高度な精神性は、単独で或いはしばしば《色》・《受想行識》とフラクタル結合して、その成せる働きとして環境の精神性を支配します。それは大地の祖霊として、或いは大自然を司る『霊』としての存在であり、守護の神霊と区別なく信仰の対象とされてきました。

空相はその根源において空そのものです。

般若心経の説く《世界観》でもって説明すれば、両者には空からの系統の違いがありますが、どちらにしても空相の根源としての空由来の存在であり、敢えて人間側から区別する必要はありません。

人間は常に、空に直結する空相由来の《諸法》の高度な精神性によって守られている存在なのです。

環境と共に生きる人間である限り、多くの人々の日常生活における多くの願いは、環境の改善に向くのであり、環境を司る『神々』に加護を求めることは、ごくごく自然な信仰であります。

そして実際に、人々は多くの神々の加護を受けて、民族は成長してきたといえるでしょう。

【フラクタル構造のまとめ】

空中の存在、即ち空と空相・《色》・《受想行識》・・《諸法》は、初期仏教で説かれた世界の中には存在せず、初期仏教では説かれていない全く新しい概念なのです。

ここまでの表現から既に明らかですが、**《色》**・**《受想行識》**・・**《諸法》**は、初期仏教の旧語句**「色」**・**「受想行識」**・・**「法」**、と**フラクタル結合**しているという重要な真実が見えてきます。

そして既に明らかですが、ここに「敢えて同じ語句を遣って再定義した」ことの意味も必然であったと言えるのです。実に見事な論理の構成が成されていると分かります。

さて実際問題としては、再定義された語句とそれに対応する旧語句とが、**フラクタル結合**されているという両者の関連性を知って思考する限り、**フラクタル共鳴**の状態にあることを示しています。

そして反対に両者の関連性を無視して、旧語句が単独で思考される限り、それは**フラクタル共鳴**には成らず、**「空中」**から孤立した語句となり、錯覚となってしまいます。

もう少し詳しく説明します。**《色》**・**《受想行識》**・・**《諸法》**と、**「色」**・**「受想行識」**・・**「法」**が対応して**フラクタル結合**していることから、現実の世界は宇宙の投影であると言えるのです。

つまり投影された現実の世界が宇宙の**フラクタル構造**を投影していると自覚することで、深い**フラクタル層**に至るのはこれは必然なのです。

この**空中**と**空外**を含む《世界観》こそが、**般若波羅蜜多**なのであり、その意味がさらに明確になってきたといえます。

このように、ここまでで大乗仏教が語る実在としての「**空中**の存在」と、初期仏教が語る世界、即ち「**無**」とすべき非実在としての「**空外**の存在」と、二つの領域にきれいに整理されたことになります。

さらにこの「**空中**の存在」と「**空外**の存在」が**フラクタル結合**していて、**般若波羅蜜多**の「瞑想」と「行」により、深い**フラクタル共鳴**を求めて生きることが人間の《生命活動》であるのです。

そして**フラクタル共鳴**の中で《生命活動》を営む方法を知り、それを実践することを「**般若波羅蜜多**の実践」と呼称します。

もちろん、宇宙はすべてが常に**フラクタル共鳴**の中にあり、**フラクタル共鳴**が無いと見えるのはそれは錯覚なのです。しかし錯覚といえど錯覚している人にとっては、それが世界のすべてなのです。

フラクタル層には、ほぼ孤立しているようにみえる浅い層から、完全な深い層まで様々な階層が無数にあり、それが同居して影響を与え合っているのです。

そして現代の人類は**フラクタル共鳴**の無いとみえる段階から、深い**フラクタル共鳴**の段階へ向かって移行しつつあります。

つまり、ここでは人は皆、最終的には**フラクタル共鳴**そのものの真実の世界に向かっていても、現時点では一人一人の人間が目先の現象をどのように捉え、理解するかという事象こそが、その一人一人の運命に決定的な意味を持つのです。

ここまでに、「**基本三特質**」の独立した三分類を基本として**般若波羅蜜多**を示しました。即ち、**フ**

ラクタル共鳴を成す**フラクタル構造**、**フラクタル結合**、**フラクタル分割**、**フラクタル深度**及び**フラクタル層**として整理された真実は、宇宙を理解するうえできわめて重要です。

ただし三分類の中の一つ目の「**不生不滅**」を現実世界に当てはめれば、過去・現在・未来に亘って**フラクタル共鳴**が成されている、と言う重大な意味になります。

そしてこの般若心経も過去・現在・未来に亘る**フラクタル共鳴**の中で、それぞれの時代の「役割分担」によって仏教再生のために、世界の宗教再生のために、そして世界の恒久平和のために現代に蘇ったと言えるのです。

この【第五章】で**空**と**フラクタル共鳴**関係にある、私達の住む諸行無常の世界が示されました。そのことでやっと《世界観》の全体像が明らかになりました。

さて、この真実を持って【第六章】に進みますが、その前に再定義の証明を記した【挿入章】を用意しました。

挿入章

《色》・《受想行識》・・《諸法》が「再定義」されていることを示すには、【第五章】までの語句の定義と概念が必要でしたが、やっとその条件が揃った所で再定義の証明をします。

再定義の証明

以下に、般若心経における《色》・《受想行識》・・《諸法》が般若心経編纂時に、新たに再定義された語句である事を証明する。

ここでは、これらの語句の意味には関係なく、語句の配置と配列からのみ数理論理学的（論理学の正式呼称）に「再定義」を証明できることに注目すること。

さらに、語句の意味には関係ないことから「実体が無い空」であろうと「実体そのものの空」であろうと、再定義は成立していることも重要です。

※以下は「再定義」を証明するための論理式で、特に関心のない方は読み飛ばしてもかまいません。

証明はじめ

色不異空から　色は空である。
空不異色から　空は色である

[色→空]
[空→色]

色であるためには空であることが必要十分条件である。

従って色は空と恒等的に等しい。

[色≡空]

・・・〔1〕本文の結論

是諸法空相から諸法は空相である。
諸法であるためには空相であることが必要条件である。

[諸法→空相]

・・・〔2〕本文の結論

一方是故空中無色・・から
色は空中に含まれない。

[色∉空中]

・・・〔3〕・・・本文の結論

ここで空中とは空と空相から成る。

$$[\text{空中} = \text{空} \cup \text{空相}]$$

・・・〔4〕本文の帰結

〔1〕〔2〕〔3〕〔4〕より
色は空中に含まれる。と同時に
色は空中に含まれない。が成立する。

$$[\text{色} \in \text{空中}]$$
$$\text{AND } [\text{色} \notin \text{空中}]$$

従って解は、色は色と恒等的に異なる。となる。

[色≠色]

従って、ここで色は「初期仏教の語句」であるから、
色は「再定義された語句」でなければならない。

受想行識亦復如是
即ち《色》は《受想行識》と同じである。
従って、ここで受想行識は「初期仏教の語句」であるから
《受想行識》は「再定義された語句」でなければならない。

次に諸法については
同様に空中は空と空相からなる。

・・・〔4〕から

諸法は空中に含まれる。

諸法$\in$空中

一方是故空中・・・無・・法であるから

法は空中に含まれない。

法$\notin$空中

・・・〔5〕・・本文の結論

〔2〕と〔5〕から
諸法は空中に含まれる と同時に
法は空中に含まれない が成立する。

[諸法∈空中]

AND [法∉空中]

従って解は、法と諸法は恒等的に異なるとなる。

諸法≠法

従って、ここで法は「初期仏教の語句」であるから
諸法は「再定義された語句」でなければならない。

以上で《色》・《受想行識》・・《諸法》は再定義された語句
であることを証明した。

証明おわり

第六章

因縁と苦からの開放

無無明亦無無明尽乃至無老死亦無老死尽
無苦集滅道無智亦無得

明らかになった《世界観》の下に、いよいよ「人間の生き方」と、その「方法論」が説かれます。先ずその前に、初期仏教の誤りを正します。

前章から通して、「無」は「空中には無い」という意味で遣われる場合の、「無」として色文字で表記しています。

初期仏教の代表的な経典である十二縁起の、文頭の無明尽と末尾の老死尽までを指定して、それを「無」で否定し、経典全体を否定しています。

さらには四諦の経典の要素である「苦・集・滅・道」を「無」で否定することで、経典全体を否定しています。

そしてこれらの経典には、智もなく得も無いと断言しています。

般若心経は、新しい《世界観》を説く思想体系です。従って、「空中の世界」を無視、「諸行無常の世界」だけで、困難な運命の原因結果や苦の分析・解析を説いた十二縁起四諦を、否定したのです。

霊的覚醒とは、分析することなく全体を把握し、先ず《世界観》を体得することです。そして、その後に様々な部分の分析を集めて、全体像に肉付けをしていくことで霊性と知性が融合します。

もし本当に、仏陀が十二縁起を説いたのだとすれば、その本質を意味する《世界観》は完全にかき消されてしまっています。その消された因縁の本質とは、後に詳しく示すように、《世界観》から導かれる苦や困難な運命の本来的原因は、全て大いなる「涅槃への道」、つまり「空への帰還」のための強力な方向付けであるのです。その最も重要な視点を見失って、困難な運命や苦を扱ってはならないのです。

ここは般若心経の特筆すべき箇所で、仏教再生には欠かせない所です。

即ちこの【第六章】は、歴史の中で因縁因果の法則が一人歩きし、「困難な出来事を因縁因果によって解釈し、そこに人生の苦の原因を求め苦の分析に陥ることは、苦を解決できないだけでなく却って苦しみを増すことになり、間違いである」と、明確に指摘しているのです。

十二縁起は「空の世界」を無視していて、諸行無常の世界だけを扱っていて、堂々巡りになり却って人を苦しめる結果となります。

さらに四諦においては、同様に「空の世界」を無視していて「苦をどのように分析・解析しても、苦は解決しないし、却って人を苦に閉じ込めてしまう」という意味でもあります。仏教者は、このことをしっかりと心に刻み込むべきです。

■十二縁起、四諦を説き直す

【般若波羅蜜多と思い通りになる法則】

ところで、ここで否定された十二縁起と四諦ですが、ここで扱う「因縁と苦」を**般若波羅蜜多**の立場から《世界観》に基づいて、新たに説き直しておきましょう。

さて、**般若波羅蜜多**とは［**基本三特質**］による《生命活動》でした。そして《生命活動》は、観音様の守護の下で《色》が主導する「色」の意思によって展開するのでした。

さてそこで人の意思は《生命活動》として、その意思の通りの環境と運命を作り出しますから、結果として**般若波羅蜜多**は【思い通りになる法則】を形成していることになります。ですから、良くも悪くも実質的に人間が願うことは、それを実現する運命を作り出していきます。

しかし、誰もわざわざ「苦」を伴う運命を願うことはないように思われますが、実際には結果として、しばしば「苦」を求めてしまうのです。

一方、苦でないものを「苦」と勝手に誤解している場合もありますが、それは《世界観》の下に位置づけることができれば解消します。

どちらの場合にせよ、すべては自分で願った結果の運命であり、その【思い通りになる法則】に従った「苦」であることが次第に明らかになります。

一例として【思い通りになる法則】により、重大な「苦」を生み出す要因としての被害者意識について、その解決策と共に説明します。

被害者意識とは、結果として実際に被害者となる運命を創り出す典型的な例です。

つまり被害者意識でいる時のその「心の姿勢」は、「私は常に正しく周囲が間違っていて、その犠牲者が私なのだ」であり、「常に周囲が加害者で、私は被害者でいたいのだ」と言っていることに同じです。

その「心の姿勢」を自ら擁護する原因には、周囲との関係においてここは自分が被害者で居た方が、有利に展開できるとの打算もあるのでしょう。

それは結果として、自ら被害者であることを願うことになり、それを願ったからこそ【思い通りになる法則】により、結果が今の被害者とみえる運命と成ったのです。

この時、色による「思いの習慣」が被害者意識になりきって、被害者意識という一次的事象を生み出します。

そしてこのときに、この一次的事象を「苦」と感じる感性が求められるのです。この感性があって初めて、「一次的事象の苦」を捉えることが出来るのです。この「苦」に気づきさえすれば「心の姿勢」は再び整い、涅槃に至る道を発見することが出来るのです。

この「一次的事象の苦」を「苦」と気づいて、その事象を否定すればそれはたちまち解決できるのですが、多くの人達はこの事象を「苦」と捉えることはなく、心地よいとさえ受け取ってしまいこれでは全く解決から遠のくだけです。

そしてこの流れを因縁因果的に説くと、この「一次的事象の苦」をここで処理できなければ、さらに進んで思い通りに現象化されて、実際に被害者となってしまうことになります。ここまで進んでしまって、初めて「苦」と感じ取るのが多くの人の実態です。この現象化した「苦」こそ運命的困難をともなう「二次的事象の苦」なのです。

つまり「二次的事象の苦」まで行かずに、最初の「一次的事象の苦」の段階で「苦」を発見できれば、実際に被害者にならずに済むのです。

さて、ここに「一次的事象の苦」と「二次的事象の苦」との概念が導入されました。今後きわめて重要になるので、記憶しておいて下さい。

そのために、観音様は《色》の運命を創る力が色に作用し、何度か似たような体験をさせて実際に「二次的事象の苦」の実際の被害者にならないように、「一次的事象の苦」の被害者意識でいる段階で自ら「苦」を感じるように促します。

ここで求められていることは、自らの被害者意識を発見することであり、その「一次的事象の苦」に対して「苦」を感じるようになることが重要なのです。

この「一次的事象の苦」こそ、後に説明する「空への帰還」への強い方向付けとしての「正しい苦しみの自覚」なのです。

この「正しい苦しみ」を自覚する所まで成長できれば、運命は大きく変化し、次のステップに上昇していきます。

そして残念ながら、ここで「正しい苦しみ」を感じ取ることが出来なければ、やがて当然のごとく【思い通りになる法則】が実際に被害者という「二次的事象の苦」を現象化し、困難な運命として実現してしまうのです。

そして、実際問題としては被害者意識以外に沢山の「一次的事象の苦」が存在し、それらが複合的に作用して「二次的事象の苦」を創り出します。

さてここで、十二縁起と四諦を否定した【第六章】の重要な見解を示します。

複数の「一次的事象の苦」が複合的に作用して「二次的事象の苦」を創り出しますが、この結果としての「二次的事象の苦」から「一次的事象の苦」を知ることはきわめて困難です。それを知ろうとして、分析を進めると負のスパイラルに落ち込んで、結論がでないまま、苦しんでしまうことになります。この章は、そのような状況を避けるべきであると説いているのです。

「二次的事象の苦」を体験すれば、それらは意識の多層構造の中で**フラクタル共鳴**に有ることから、心のどこかでその原因を知っていて長い時間と体験の記憶の中で、その原因と共鳴し弱い反省には成っているのです。

もちろん、ここまできてしまってからでも「一次的事象の苦」こそが必要な「苦」であったと気づけば、それでも十分に「空への帰還」に間に合います。

【苦は積極的な意味を持つ】

人は自ら正しく苦を見つめ正しく苦を体験し、一次的事象の苦の発生に直ちに気づくことによって、人は自らの意思の向かう方向をどのように修正すれば良いかを知ることができる筈です。

ただし現実問題として、二次的事象であっても負のスパイラルに入る危険が無ければ、自然に原因がそれと分かる時は、それが非常識な理由では無い限り受け取っても良いと思います。

そして勿論いかなる事象も、勿論いかなる苦も、五蘊皆空としてそれが今ここに現れていることを肯定して受け取ることが基本です。

「一次的事象の苦」を直ちに発見できて、そこから「空への帰還」の方向性を理解し、それを**五蘊皆空**の中で肯定できればそれで十分です。

つまり「苦」を**五蘊皆空**の中で肯定して理解することさえ出来れば、「空への帰還」の道へ近づいていくことが出来るのです。

このように運命において「苦」とは、きわめて積極的な意味を持っているのです。つまり**五蘊皆空**なのです。

これが**般若波羅蜜多**による解釈であり、そこに観音様の導きがあるのです。これは重要ですので、後に再び詳しく述べることにします。

ところで、仏教が大きく混乱した時代には、誰もが運命とそれに伴う苦の本質を理解できずにいました。その中で因縁を説くことは、仏陀の主旨とは裏腹に「因縁に縛られた苦しい運命」という解釈がうまれ、因縁による苦のスパイラルを生じてしまい、却って苦を増加してしまったのでした。そこで般若心経の編纂者により、人々を因縁の拘束から開放し**般若波羅蜜多**の新しい解釈を示すためにこの【第六章】以降が説かれたのです。

ところで、この問題は決してこの時代の初期仏教に限ったことではありません。世界の中の他の宗教においても、必ず困難な出来事と苦の原因と結果との関係や善悪に関して、さらには人生の苦しみの原因について、いろいろ説かれています。

世界の宗教再生にとってはここに示したように、【第六章】を**般若波羅蜜多**に戻って普遍的に解釈し、「**空**への帰還の道」を発見することで根本的な解決策が得られます。

神と悪魔の対立や、仏教の無明に対応する原罪や、善と悪との対立として説かれている原因結果の理論や、苦の原因やその分析などは、すべてこの【第六章】の中で解決できます。

つまり**般若波羅蜜多**を理解し【思い通りになる法則】と、そこから導かれる「苦」の正しい捉え方を知ることで、「**空**への帰還の道」を発見することですべて解決できるのです。

《生命活動》が展開する中で、《色》・《受想行識》が「色」・「受想行識」とフラクタル結合したところから、困難な運命や、因縁や、原罪や、悪魔や、苦の概念が生まれました。

般若波羅蜜多は、それを一度「本来性の立場」から解釈し直し、そして再び「現実性の立場」に戻って解釈するのです。

何度も確認したいことなのですが、人間は「本来性の立場」で言えば、今更悟るも救われるもないのであり、既に救われている存在であるし、既に悟っている存在でありますが、この**五蘊**の世界に生きる人間の「現実性の立場」で言えば、出来事を一つ一つ確認して全肯定に至るのです。因縁と苦の話はすべてこの「現実性の立場」の階段を、「本来性の立場」に向かって一歩一歩登るときに必要な解釈なのです。

観音様が**般若波羅蜜多**の深い行の中から語ったように、「本来性の立場」から説けば『**現象と事象**』はすべて**五蘊皆空**として存在していて、いかなる困難な出来事も、いかなる苦も、いかなる罪も**五蘊皆空**として全肯定されているのです。

現実世界を生きる生身の人間には、すべてを全肯定することは不可能ですが、「本来性の立場」としての**五蘊皆空**を知っているだけでも、気持ちの負担は極端に軽くなります。

つまり、いつもは「現実性の立場」からの解釈でよいのですが、もしそれが重大な困難であったり大きな苦しみを伴う出来事であればあるほど、一度「本来性の立場」からの判断に立ち返って解釈することで、本質的に解決を得ることができるのです。

一つ例を示しましょう。それはたとえば身障者が、世の中から身障者と健常者とに分類して扱われることに、差別されている感を持っていると聞きます。身障者からは、自分達を「この障害も個性の一つだ」という主張さえ聞きます。ここには「本来性の立場」からの解釈をして、自らの立場を全肯定したいとの強い欲求を感じ取ることができます。

自らを肯定できるのであれば、多少こじつけに聞こえても、それは自らの厳しい境遇を通して、たどり着いた「本来性の立場」からの見解であり、とても素晴らしいことだと思います。

しかしながら、すべての健常者にその見解を求めることは無理なのです。

ですから、この全肯定の「本来性の立場」の見解の後に「現実性の立場」にまで降りてきて、世の中では身障者と健常者に分類される現実をも対抗せずに、受け入れていけばよいのだと思います。

人生には、このように「本来性の立場」に戻って、解決しなければならないことがしばしばあります。

【《生命活動》と正しい苦しみの自覚】

人が苦しみに喘いでいて、さらに追い打ちを掛けるようにその因縁を説くことで、さらに苦しんでしまうとするなら、それは因縁を説いたとされる仏陀の主旨では絶対にありません。

【第六章】は、この苦のスパイラルを徹底的に否定していると解釈すべきです。

人は意思と思考によって世界を創造します。一方、《生命活動》の原因となる**フラクタル共鳴**から【思い通りになる法則】が導かれ、さらにそこから運命の原因結果の法則が出てくるのでした。しかしその法則は、完全に守護の神霊のコントロール下にあり、最も適切なタイミングで現実化されます。それ故に、その中で体験する苦は偶然で有るはずはなく、「苦」を正しく位置づけし、思考の習慣を修正し、安心して自らの進むべき運命の方向を目指せば良いのです。守護の神霊は、ここから「空への帰還の道」を発見しなさいと問いかけているのです。

観音様ではない、覚醒から遠い人間の創る事象が錯覚であるように、その事象の中で感じ取る苦もまた錯覚であり、それを「錯覚の苦しみ」と呼ぶことにします。この「錯覚の苦しみ」は二次的事象の「苦」に分類されます。

そして後に述べるように、覚醒に向かって「行」をする中で感じ取る苦は、空に帰還するために必要な苦であり、それを「正しい苦しみ」と呼ぶことにします。この「正しい苦しみ」は、既に一次的事象と分類されました。

そこで二次的事象の「苦」をこの「正しい苦しみ」に切り替えることこそ、これから詳しく説くことになる「空への帰還の道」なのです。

さて無智亦無得ですが……

これらの経典は、空中を無視していて終始分析に傾倒しているために、全体像を隠してしまい、般若波羅蜜多から切り離れ孤立した錯覚の世界の中にあるのです。

つまり、これらの経典の解釈から生まれる事象は孤立した空外の事象であり、フラクタル共鳴にはないのです。

従って、それらは「無」とすべき「非実在」の存在であり、錯覚ですからその錯覚の作る事象はすべて否定されるべきものです。

従って、般若心経の編纂者はここには何ら智慧は無く、ここからは何も得られないと断言しています。

ここで多少著者が補足すれば、般若心経の主旨から判断して、これら因縁因果や苦の分析も、うまく「空への帰還」の道に繋げることが出来れば、フラクタル共鳴が回復して経典の本来の主旨が生き返ると考えます。

【論理的であることと、分析的であることは全く違う】

著者は、般若心経が十二縁起と四諦を否定している理由は、他にもあると思っています。自然科学を学んだ著者の考えとして、以下に示しておきます。

この二つの経典は、分析に徹していて全体が見えなくなっているところに、大きな問題があります。

経典の目的が覚醒や救われにあるのであれば、分析的であればあるほど、却って人は全体像を見失い、枝葉にとらわれて迷うものです。

論理的であろうとして、詳細な分析に立ち入り全体を見失うという過ちを犯してはならないのです。全体理解がないまま詳細な分析に立ち入ると、その先の方向性が発散して行く先を見失います。そして実際に十二縁起や四諦は、そのように迷路に入ってしまっています。

分析力や知識を披露するのではなく、覚醒や救われを目的として道を説くのであれば、先ず最初に統合的に大局的に扱うことが重要です。

覚醒や救われのためには、先ず何よりも宇宙の全体像を示すことが必要であり、そのためには論理的であることはとても有利なことです。従って全体像を示すことなく詳細な分析に立ち入ると、その先の方向性が見えなくなり、結論が発散してしまい大変危険なのです。

宇宙の全体像を説くためには最低限の語句は必要ですので、その最低限必要な語句を定義するために、もし分析が必要ならばそこまでに止めるべきです。

般若心経とは、その意味でも最低限の語句を遣って、宇宙の全体像を語っているという点できわめて優れた経典であり、これを超えるモノは他にないと言えます。

結局著者も、この後一部分析をすることになりますが、分析のための分析は極力避けて、最低限必要な範囲に限定するようにしています。

分析は部分の解析であり、部分をいくら集めても決して、全体になる保証はありません。見逃した分析の一部に、これまでの全体像を覆す決定的な内容が含まれているかもしれないのです。

一方、自然科学は徹底的に分析に依存した学問ですが、自然科学では分析で見逃した部分が新たに見つかる度に、全体像の「どんでん返し」がしばしば起こっているのです。

もしこの道において、現代の自然科学と同じように、部分の分析から全体像を語ろうとすると、分類した部分には一つの漏れもないことと、部分の分析の結果がすべて正しいことが条件になります。実際問題これは不可能なことなのです。


先ず全体像を示し、そこから救われの方法論を説くことが経典の目的でなければなりません。分析だけ見せられても、誰も救われないし覚醒も得られないのです。

「本来性の立場」としては、「人間は既に救われていて、既に悟っている存在である」とする全体像を見せられて、その中に自らを位置づけられたときに、人は悟ったというのであり、そして全体像が見えるから安心を得て、人は救われを感じるのです。その結果をもって、その全体像が正しかったことが自らの内側で証明されたことになります。

部分がいくら見えても、それで知識は増えても、それは覚醒でも救われでもないのです。

それ故に、道を説くとは全体像が見える大枠を示すことこそが最重要であり、もし全体像が見えないまま詳細に立ち入れば必ず道に迷います。或いは人を迷わせます。

仏教には、そんな好んで分析に終始した経典が多いことを残念に思います。そして仏教の解説書も、そのような分析に終始していて、全く全体像が見えないモノばかりです。

もちろん、そんなことを仏陀が説いている筈はないのです。だからこそ般若心経は、それらの分析だらけの経典を否定しているのです。

ここで無智亦無得とは、般若心経の編纂者が、ここに示した著者の嘆きと同じ事を嘆いて否定しているのだと著者には思われてきます。

【否定の後の肯定】

前章【第五章】とこの【第六章】で、空の立場から「無」として否定したのは、すべて孤立した「初期仏教の世界」の内容です。

しかし、これらを一旦「無」として否定することで、孤立していた「初期仏教の世界」を宇宙の**フラクタル構造**の中の一部として位置づけなおすことになります。

そこではじめて観音様が**般若波羅蜜多**の深い行の中で照見されたように、初期仏教の世界は生まれ変わり、**フラクタル構造**全体のその一部として**五蘊**が肯定されることになります。

即ち、**般若波羅蜜多**とは**五蘊**を宇宙の**フラクタル構造**の一部として捉えて、そのまま全肯定する教えなのです。そして全肯定した後であれば、**フラクタル共鳴**が回復して十二縁起も、四諦も、**般若波羅蜜多**によって説き直されて肯定されてきます。

そして否定の後に全肯定するプロセスこそ、以下に自明行（じめいぎょう）として示される**般若波羅蜜多**の代表的「行」なのです。

この「行」を始める前の段階というものは、人間とはこうもなれるものかと言えるほどに、とんでもなく勘違いした所に居て、大きな顔をして生きているモノです。

そして多くの人達は、まだまだこの段階にいるものなのです。だからこそ人は迷っているのであり、それ故に人は救われなければ成らないのです。

あなたも人間である限り、決してこの例外では無いと覚悟しなければ成りません。瞑想もした、祈ってもいる、修行をしたと言っても当てになりません。

そして、たとえ霊的パワーがあって未来予想が出来て過去が見えたとしても、もしこの自明行を成就していなければ、魂はあさっての方向に飛んでしまっていて、そのズレていることにさえ、まったく気づかずにいるものです。

■十二縁起四諦に替わる五蘊皆空の教え

【語句が出揃ったところで五蘊皆空を吟味する】

既に《色》・《受想行識》は【第三章】で再定義され、空は【第四章】で定義され、「色」・「受想行識」は【第五章】で位置づけられました。

ところで五蘊の初期仏教の意味は世界でした。

従って五蘊とはフラクタル構造を成している空中と空外の関係の内の、空外の側を表す語句であることを既に示しました。

繰り返しになりますが、実在と非実在を含めて、全宇宙は空中と空外から成り、互いにフラクタル結合状態にあり、従って「空外は皆空である」と表現したのでした。

つまり空中と空外がフラクタル結合している状態を真実の姿として、「意識界」に投影すれば良いのです。

事象を否定せずに、事象を全肯定して「意識界」に投影すればよいのです。空中と空外がフラクタル共鳴状態にあるのだと理解すれば五蘊皆空という意味になります。

玄奘三蔵は五蘊皆空と表現することで宇宙のフラクタル構造を明確にし、五蘊は本来フラクタル共鳴にあることを示して、初期仏教に蔓延していた虚無思想を完全否定したのだと理解できます。

【五蘊皆空とは五蘊がフラクタル共鳴状態にあること】

観自在菩薩が**般若波羅蜜多**の深い瞑想により、錯覚の世界を通り抜けて真実の世界に到達してみれば、「**空中**」と「**空外**」が**フラクタル共鳴**の関係にあり、**空外**としての**五蘊**は**空中**の支配下にあるのだから安心しなさいと説いているのです。

そして、この状態を観音様は**五蘊皆空**と呼称したのでした。

さて初期仏教で語られてきた事象は、**空外**の諸行無常の世界だけの存在であり、**空外**だけを切り離して、それを幾ら詳細に観察しても**皆空**ではありません。ましてや**空**ではありません。観音様が深い**般若波羅蜜多**の行によって照見したように、**空外**が**空中**に**フラクタル結合**していると意識されるときのみ、**五蘊**は**皆空**なのです。

般若心経とは観音様が体得した事象そのものなのであり、人類史上最も深度の深い**フラクタル共鳴**であるといえます。私達人類はこの事象に心を合わせることで、観音様の指し示した道を辿り、**空**に帰還することができるのです。

この真実は、世界のあらゆる宗教に適応できる真理なのです。

【フラクタル共鳴は宇宙を貫く】

ここに付け加えれば、**フラクタル共鳴**とは［**基本三特質**］の中に有り、**空中**と**空外**を貫いています。それを現実世界から観察すれば、空間的な距離を越えているだけではなく、時間軸をも越えていて、過去と未来とは**フラクタル共鳴**しています。

そのことは、私達は今、現在にいて、同時に過去と未来とも、共に生きていることを意味していることになります。

未来には、いくつかの重要な『**現象と事象**』を創りつつ現在と**フラクタル共鳴**しています。つまり『**現象と事象**』は過去・現在・未来の**フラクタル共鳴**の中に有ることが、明らかになったのです。この事をより具体的に説明すれば、今決めようとしていることは、過去から今を通して未来につながっている幾つかの現象と事象の中の、いずれか一つを今選択しようとしていることを意味します。この場面における適切な運命の選択のためには、後に説明する「じねんの論理」が重要になります。

運命の核となるような、天命として持って生まれた未来の事象もありますが、多くの未来の重要な『**現象と事象**』は、今まさに創っています。

ところで、過去の現象は中々変えられませんが、過去の事象は今からでも直ぐに変えられます。ですから過去に対しては、今から振り返って、例えば被害者意識のような運命に重大な悪影響を及ぼしている事象を取り出してきて、**五蘊皆空**の「全肯定」の解釈を徹底して積み重ねることによって、過去の事象は純化して未来の事象に反映されます。ただし、過去の事象を浄めるためには、肉体を通して一部を現象化して浄める必要がありますが、自明行によりそれを自ら求めれば、それは最低の負担で済むことなのです。ここで、現象化して浄めることをベクトル昇華と呼称します。

既に、「一次的事象の苦」と「二次的事象の苦」について説きましたが、**五蘊皆空**はそのどちらに対しても、そのまま当てはまります。

ですから、過去を浄め**フラクタル共鳴**する条件を整えることで、未来により高度な事象を創ることが出来ます。

それ故に**般若波羅蜜多**の瞑想と行が必要であり、《世界観》に**フラクタル共鳴**する普遍的な祈りが必要であると言えるのです。

【五蘊皆空に至って救われる】

五蘊皆空の認識に至らない段階では、『現象と事象』の断片だけを取り出しても、決して肯定できません。観音様は、過去・現在・未来を含めて全肯定しているのです。我々人間には、未来まで含めて評価することはできないのです。

未来を知らない人間は、観音様に帰依して初めて『現象と事象』の未来を含めて、全肯定して頂けるのです。帰依とは、生かされる立場に徹することと同じです。

未来において全肯定される『**現象と事象**』を前提として、今の『**現象と事象**』をその過程として全肯定して頂くのです。正しくは、過去を含めて過去・現在・未来を通して全肯定して頂くのです。

この意味を何度もよくかみしめること。


そこで、**般若波羅蜜多**の「行」の中で、各自の創る『現象と事象』を《世界観》の中で正しく位置づけし、**五蘊皆空**と捉えることにより、それが『**現象と事象**』として全肯定へ至る「行」となります。

そこで現れた『現象と事象』を、必然として肯定する「行」の実践に入っていきます。


さて、日常生活の中での間違った言動行為に対する反省は、「行」以前の当然のこととして本書では触れません。ここではそのような言動行為の善し悪しを離れ、言動行為の元となっている自己の想念を、想念の段階で一旦捉えて、それを正しく位置づけする作業が「行」となります。この作業なしに全肯定はあり得ません。つまりそこに覚醒も悟りも、あり得ないのです。本書では「悟り」と同じ意味で「覚醒」の語句を遣っています。

そこで著者は自らの体験から、覚醒に至る一連の修行の過程を、ここに詳しく記述しておくことにしました。

それを自明行として、次第に詳しく述べていきます。

そしてこの自明行こそ著者が神霊に導かれて、覚醒へ至るための修行そのものであったわけです。

そしてこれが無ければ、誰も決して覚醒には至らないことは明らかなのです。

自明行を説くことで、般若心経はさらに深化することになります。

【自明行とは自分の正体を明らかにすること】

世に自明行の断片に似たものや、自明行もどきは沢山あるのですが、それとは明らかに違うのです。先ずなんと言っても、自明行とは《世界観》に基づいていることです。その下での「空への帰還」への道であって全肯定の中で、明確な道しるべが示されることです。

既に、《色》と色からなる人間と宇宙の構造は明らかになりました。

動物性から来る色に翻弄される現実の人間ではありますが、間違いなく空由来の《色》の自由性が、この現実の人間を心の底から強い力で突き動かして、空への帰還を強く促しています。

それは生きる力であり、《生命活動》を成就しようとする力です。そしてそれは人間の根源的欲求であり、それこそ《色》の自由性の発露なのです。

この《色》の自由性からくる根源的欲求は、誰にでもある生命の力であり、色に邪魔されなければ自然に浮き上がってくるのです。その邪魔を取り除くために「無意識界の行」が必要であり、それがそのまま自明行になるのです。

自明行とは、色に覆い隠された不透明な霧を取り去って、《色》の強い叫びを聞くことでもあるのです。

この自分の心の底から湧いてくる根源的欲求の正体を見極めることが自明行です。善悪を決めることではありません。善悪の世界に落ち込むと、どうしても逃げてしまい自明行は破綻します。

《色》由来の根源的欲求に反する、色由来の様々な強烈な想念を発見して、それを切り離すことが自明行なのです。

自分により、生かされている原点を確認できれば、《色》の根源的欲求ははっきりと見えてくるのです。そして、それはやがて爆発的な力を込めて、内から湧いてくる生きる力となるのです。

良くも悪くも、自分自身の正体を正しく知ろうとして必死になれば、やがて自分自身のこの強烈な根源的欲求にたどり着き、その力に従って生きることができるようになり、空への帰還に目覚め、やがて《生命活動》を成就することになるのです。

自らの「心の姿勢」の中に、この強烈な根源的欲求を発見するとき、それは大きな生きる喜びとなり、その喜びの中で自然体で生きていくだけで、黙っていても空に達して《生命活動》を成就できるのです。

そこまでいけば、既に自明行は必要なくなっています。それは既に《色》の意思と一体であるからです。そこまで行くために、自明行は自らの「心の姿勢」を徹底して見つめることからはじめます。

自らの中の《色》の自由性を覆っている「色」が発生源の黒雲を発見して、それを排除することからはじめます。その黒雲に気づくために、様々な手法が用意されています。

自明行によってその黒雲を確認し、それを排除することで一気に「**五蘊皆空**」に至りますが、現実的な実践法としては一歩引いて、この黒雲を一旦捉えてお詫びの姿勢で、守護の神霊に「赦していただくこと」のプロセスを一段入れることで、自然に「**五蘊皆空**」に至ることができます。

場合によっては前者のように直接黒雲を一気に排除することも十分可能ですが、後者のように自他の思考と行動を「赦されること」の行程を踏んでから「**五蘊皆空**」の理解に至り、全肯定に至るのが無理がなくお薦めです。これは後に再び取り上げます。

自明行ができるようになると、想念が客観的に見えてきます。自らの「心の姿勢」が見えるようになれば、内観が上達して自らをコントロールできるようになります。ここまで到達すれば、内観によって「正しい苦しみの自覚」が、楽しくできるようになります。

ただしそうは言っても自分を苦しめていて、自分の運命を縛っている根本の問題に到達するのは、そう簡単ではありません。

決して見ないようにしている「自分」があるモノです。それは見えないのではなく、見たくないのです。見たくないモノは、永遠に見えません。

【「心の姿勢」に重点を置く】

般若心経においては、一つ一つの段階を踏んで覚醒に至ります。

「心の姿勢」を帰依の姿勢に整えることで《色》の自由性に至り、そして**フラクタル共鳴**に至り、**五蘊皆空**に至り、全肯定を成就しそして救われる、と説いていることになります。帰依の姿勢とは、感謝の姿勢でもあります。そして感謝とは全行程と同じ意味です。ですから運命の中で困難に直面しても、感謝の姿勢を保てれば**五蘊皆空**に至ったと言えます。

さてここでの「修行」とは、決して「言葉を整えること」ではありません。帰依の入り口として言葉を整えることは十分有効ですが行き過ぎは禁物であり、あくまで最大の課題は言葉の善し悪しではなく「心の姿勢」を見つめることなのです。

言葉の位置づけを間違ってはいけません。決して言葉で出来たことが本当にできたことにはなりません。

ここで「言動行為」とは常に表層の形であって、先に「心の姿勢」を整えることで言動行為が整うのが本来の姿です。

ただし言葉は力を持っていますから、《世界観》に基づく真言を言葉や行為で表現することは、十分に行として意味があることであり効果があることです。そして汚い言葉は周囲を汚し、自分の心を汚します。

「言動行為」を整えるのが修行と思っている人が多いのですが、これは初期段階の修行であり決して、本モノの霊的覚醒を目指す人の修行にはなりません。

人間関係を円滑に進めるには確かに言動行為は大切ですが、それが本来の修行の目的ではありません。言葉を整えることに傾倒した修行は適切ではありません。自分の本当の気持ちが、分からなくなるからです。もし自然体で話していて自分の発する言葉から、被害者的発言を見つけ出したら、それは大発見であって、言葉に出たから気づいたのであって、大いに喜ぶべきことなのです。言葉だけ整っていたら気づかないでしまうからです。

【誰が人を赦すのか】

勿論ですが、その言葉で人を傷つけたとすれば謝罪して「後始末」をし、場を汚したとすれば自分で納得できるまで「拭き掃除」をするのは当然です。勿論ここには、自己正当化の「嘘」が入り込む危険がありますから、観音様を心に置き言いわけにはならないように、素直な謝罪が求められます。

逆説的になりますが、ここで必要なのは自分の納得であり、相手の納得ではありません。もし相手の納得を待てば、それはどこまでいっても切りがないし、相手を被害者意識に追い込むことになるからです。この点、疑問に思う人も多数いると思うので、もう少し説明しましょう。

以下に、相手の立場を自分の立場に入れ替えてみて、どちらの立場もあり得るものとして両方向から考えてみましょう。

つまり、ここでは傷つけた側が相手で、傷つけられた側が自分だとして、自分が相手の謝罪をどのように受け入れるかを考えてみましょう。

通常こちらとしては相手を許すのは自分であるから、相手に対しては自分が納得するまで謝罪すべきだと思うものです。

しかし、実はこれがなかなか気づかない被害者意識なのです。ここに落ち込むと、殆どそのまま落とし穴に落ちてしまい、なかなかそこから出られなくなります。


相手にどんなに理不尽なことを言われたとしても、すべては**五蘊皆空**の中に有るのでした。ここが「本来性の立場」の原点です。つまりこれが、観音様に与えて頂いた重要な体験なのです。ですから「本来性の立場」であれば、ここは正面から肯定して感謝で受け取ることが正解なのでした。

しかし現実の場面では常識として、相手はあなたに謝罪すべきです。しかしその背景には**五蘊皆空**の《世界観》が有ることを忘れてはなりません。

ですからこの場合相手の謝罪は、あなたの《色》に対してであって、「色」に対してではありません。そして、こちらとしても相手の謝罪を赦すのは、こちらの《色》なのであって、「色」ではありません。もっとはっきり言えば、こちらの「色」には人を赦す資格すらないのです。

そこで元々「自分には相手を赦す資格すらないのだ」、或いは「自分には相手を責めたり、ましてや謝罪させる資格すらないのだ」と思って生きていけば、心穏やかにいつも**五蘊皆空**の中に身を置くことができるようになります。

【すべて自分に必要な体験と言い切って生きる】

自明行とは事の善悪や、善し悪しを決めることではありません。その意味でいわゆる反省とは異なります。

自明行とは、このように《色》の自由性を遮蔽《しゃへい》している「心の姿勢」の発見を喜ぶ行なのです。

そして自らの口から思わず出てきた否定的な言動は、自分の正体の発見のために利用すべきなのです。

この例ですが「心の姿勢」が被害者意識で満たされていることは、**五蘊**の完全否定であり**五蘊皆空**とは正反対の境地であり、放置しておいては**五蘊皆空**には決して至りません。その大きな黒雲を発見できたときには、それを大いに喜び教えてくださった観音様に感謝しましょう。

さらにここで言う「修行」とは、肉体に大きな負荷をかけて、それに耐えるような事をいうのではありません。激しい肉体的鍛錬や過酷な忍耐は、**般若波羅蜜多**と一切関係ありません。

【「立場の確立」がないと軋轢が生じる】

仏教以外の因縁を説かない宗教でも、人間からは善と悪の対立の渦の中にもてあそばれるように、或いは神と悪魔の対立の綱引きの中にいるように見えてしまいます。

因縁も原罪も錯覚であるように、ここでの善と悪の接触も確かに錯覚なのです。そこには『深化の進んだ事象』と『深化の遅れた事象』とが混在していて、さらに異なる「役割」を持った個性と個性との係わりが混在していて、それらの事象と個性が直接接するときに、それぞれに「立場の確立」が必要となります。

もしそこに「立場の確立」がないと、軋轢が生じ両者が対立していると見えてしまいます。言ってみれば「立場の確立」とは「平等」ではなく、自ら或いは互いに「不平等」を意識することです。宇宙は「均一」を嫌います。ですから「不均一」とは「不平等」の意味であり宇宙の理にかなうのです。

その「不均一」の中で、愛として、制度として、ある条件のみを「均一」に、即ち「平等」に扱うことは、それは宇宙の理に反することではありません。

しかし、本質的な宇宙の「不均一」を無視してしまうと、そこに無理が掛かり軋轢が発生してしまいます。

その軋轢による対立は「本来性の立場」から見れば、《生命活動》の一過程であり「現実性の立場」から見れば、善と悪の対立となり解決すべき事象となります。

そこで何故、人間と人間の関係に「不平等の原理」が成り立つか、ですが・・・

人間は《色》と色とのフラクタル結合によって、成り立っているのでした。そこで人間の中の《色》においては「平等の原理」が成り立ちますが、人間としての《色》の覚醒度合いによって、或いは色の支配の程度によって、「不平等の原理」が成り立つことに成ります。そこで人間はこの相矛盾する二つの原理を常に意識して、使い分けなければならないことになります。これに関しては、最後に追加した【完成の章】で多少議論します。

【本来性の立場と現実性の立場のギャップを観音様に赦して頂く】

五蘊皆空の「本来性の立場」から言えば・・・

人間とは最初から全肯定され、すべて赦されている存在であります。ですから、そのことを知れば「心の姿勢」はすべてを肯定し、常に感謝に満たされていなければ成らないことになります。

しかし、こう言われてその通り出来る人はどこにもいないのです。

一方で、自分で間違いを犯しておきながら、偽善にならないように「本来性の立場」から自分を全肯定するというのは、中々難しい論理展開が必要です。屁理屈になりかねません。

ですから現実の場面では「本来性の立場」を確認しつつも、一旦「現実性の立場」に戻り一つ一つ事象を取り上げて、観音様に赦して頂くのが良いと思います。赦すのはこの自分ではなく、観音様であることを忘れてはいけません。そしてこれは「赦し」であって、それを許可する意味での「許し」はあり得ません。

是非、習慣的にこのプロセスを導入することをお薦めします。

般若心経では、日々の出来事の対処法等については一切触れられていませんが、《世界観》を体得しさえすれば、観音様の加護のもとに現実を生きる人間として、愛深く生きて正しく判断し行動することが出来るようになります。

本来性の立場を知った上で、現実性の立場に立ち、現実社会で発生する様々な矛盾や諸悪に対しても、立場上の誠実さを貫き、必要があれば徹底的に追及する姿勢を貫くことも出来るようになります。

【自明行の川を渡る】

著者はこれまで、多くの人達を指導してきて強く思うことがあります。世の中には「一次的事象の苦」を発見したくない人ばかりが溢れていて、ましてや自らそれを発見しようとする人など、滅多に居ません。

私にとって「一次的事象の苦」が自ら開発した自明行によって解決していくことは、人生最大の喜びでしたが多くの人にとっては、その苦の存在すら触れられたくないのでした。

このように「二次的事象の苦」と「一次的事象の苦」の間には大きな川があって、それを越えなければ涅槃には絶対に行けないのです。

「一次的事象の苦」を解決しないで、救われも覚醒も有るはずはないのです。「一次的事象の苦」を解決するためには、先ずその存在を発見しなければなりません。発見しなければ目をつぶってバットを振るようなモノで、いかなる手段もすべて徒労に終わります。

宗教としても「一次的事象の苦」を正面に説かないで、「二次的事象の苦」から救われようとする宗教は、本質を欠いていることになります。従ってそこに本質的な救われなど、あり得ないと思います。「空への帰還」を果たそうとする人は皆、常に自分が発見した「一次的事象の苦」との格闘なのです。

私の指導の経験から、この「二つの苦」の間にある川の幅はかなりあって、修行者はここで大きく選別されます。この「自明行の川」を自ら越えようとの意志を示した者のみが、「一次的事象の苦」を発見し、それを解決するという次のステージに行けるのです。

ただしこの「自明行の川」を、私のように一人で渡ることも不可能ではありませんが、既に開拓された路線を大型船で渡ることの方が何倍も安全で確実です。そして仲間とともに互いに助け合って、途中を大いに楽しむことが出来ます。楽しい旅と認識することが重要です。

否、涅槃に至るとは、これは旅ではなく移住を目指すことです。

川の向こうには本住の地があってそこへの移住ですから、身辺を整理して本当に必要な物だけを持って行けば良いのであり、如何に身軽になれるか、つまり如何に「一次的事象の苦」を捨てていけるか、なのです。

それから、この「自明行の川」は何度も何度も渡ることが出来ます。渡る途中で新たな「一次的事象の苦」を発見して、そこで捨てることも可能です。

この渡船では「一次的事象の苦」を発見できて、それを解決できるのですから、とても生きがいが持てる船旅なのです。決して悲壮な覚悟で乗船するようなことではないのです。

楽しい船旅をするためには時機というものが有り、**般若波羅蜜多**の瞑想と行により、その時機が来るまで待つことが必要です。

そしてその時期が来ていないと判断すれば、自分はまだこの川を渡っていない段階であることを自覚し、慎み深く生きることが必要です。決してこの段階で、涅槃に達したなどと滅相もないことを考えてはいけません。それで私は「一次的事象の苦」を「二次的事象の苦」と明確に区別したのです。

そして、この「一次的事象の苦」を「正しい苦しみの自覚」と呼称し、ここから私の開発した自明行が始まるのです。

著者は本書でこの川の存在を明らかにし、この川を越えるための自明行を示しています。そこで世のすべての修行者は今、自分自身でこの川のどちら側に居るのかを自覚できる筈です。自明行を実践しなければこの川を渡ることは出来ないし、この川を渡らずしてそこに霊的覚醒は無いと自覚するはずです。

従来は自らを評価する明確な尺度が無かったので、皆自己正当化に走ってしまい知識のみで自らを過大評価し、修行者の多くが「何でも分かる偉い人」と錯覚してしまい、多数の犠牲者を出し続けてきたのです。

「思い通りになる法則」はあなたを思い通りの世界に連れて行ってくれます。あなたの人生の優先順位の通りに導かれます。あなたは今しばらく《世界観》の中に自らを正しく位置づけることを、最優先に努力すべきです。そして、そこに位置のズレを発見することを喜びと思う感性が求められます。

この感性があればここに有る位置のズレを発見し、自己正当化の誘惑を断ち切り、その結果フィードバックが正しく掛かり、軌道修正が自然に成されます。

そしてもしフィードバックが無ければ、つまり自明行が無ければ、祈りだけで事たれりとして「正しい苦しみの自覚」に対して背を向けたまま、深く錯覚の世界に引き込まれてそのまま何処までも偉い錯覚に乗せられて、直ぐに悟ったつもりにも成れるし、簡単に覚者にもなれるし、神にでもなれてしまいます。そして、それはあなたも例外ではないのです。

自明行が習慣性になれば、常に《世界観》の中で自らの位置を確認し、正しく修正することができるフィードバックの掛かった、抑制の効いたまともな修行者が沢山育ってきます。

そうすれば身の程をわきまえた修行者が増え、分不相応な発言をする修行者は少なくなるでしょう。

そこでこれから先、本書では「一次的事象の苦」を発見してそれを解決したい人のために、自明行を説くことになります。「二次的事象の苦」しか関心が無い人にとっては、つまらない話しになるでしょうし、中には強い拒否反応を示す人さえ居るでしょう。

そのような時期尚早な人達は自明行だけではなく、この川の存在すら認めないでしょう。

それでも著者が「一次的事象の苦」を説くのは、それが涅槃に至るまでを説く、般若心経の主旨であり、涅槃に至るにはこの川を渡る以外に方法はないからです。

【回帰点を定める】

「一次的事象の苦」の解決を求めて、自明行を深めていくとこれまで自分が如何にデタラメな生き方をしてきたかに気づかされ、愕然とする時があります。そしてそれは大きな自分の課題を発見した喜びの時でもあるのです。

これまで、如何に自分が、**色**の持つ「負の側面」を垂れ流しにしてきたかに驚かされ、心から申し訳なかったと思えるときがあるのです。そしてそれは、ここまで導いて頂いた守護の神霊への感謝の気持ちがわき上がるときでもあるのです。

その時はとても大切で、「立場の確立」により、宇宙の中での、自らの出発点を初めて確立したことを意味します。つまり、この時を境に「**空**への帰還」の道程に切り替わります。

この時を「回帰点に達した」といい、「自明行」にとっては、記念すべき時なのです。

その時はどうしたら良いでしょうか。**五蘊皆空**だからといって、「本来性」の立場から、「これで良いのだ」と、開き直れば良いのでしょうか。しかし、これには現実とのギャップがありすぎて、自分の心の姿勢がどうしても自己正当化してるのではないかと思えてしまいます。真理の言葉を遣って自己正当化することほど、危険な嘘はありません。

ですから、それを常に疑うのが正常な感覚というものです。

そこで、そのような時は、そのことに「正しい苦しみの自覚」を持って、その上で「申し訳なかった」との気持ちを大切に、「現実性の立場」から、気づいた自らの非の一つ一つを、観音様に赦して頂くことにします。「正しい苦しみの自覚」が有ってこそ、赦されるのです。その自覚がなければ、何を赦して欲しいのか、分からないのであり、分からなければ赦して頂きようがないのです。

以下に、そのための「呪」即ち「回帰点の祈り」を用意したので、それを心を込めて祈りましょう。

拙著「復刻版・人間やりなおし」から、著者の責任で一部手を加えて、ここに引用しておきました。

【回帰点の祈り】

私の、これほどの無知と傲慢とそれによる身勝手から、いつも皆様を傷つけ、周囲を汚し、多大なご迷惑をかけ続けてきたことと、それを知らずにこれまで生きてきたことを大変申し訳なく思います。

どうぞこれまでの私の不徳をお赦しください。

そしてこのような私でも、これまでずっとお付き合い戴き、ここに置いて戴いたことを、観音様にそして皆様に心から感謝いたします。

私は今、心素直で謙虚な人に生まれ変わりたいと心から願っています。

観音様、このような私ですが、どうぞこれからもお導き戴けますようにお願いいたします。

【文献三／復刻版・人間やりなおし（空不動・献文舎）】

このようにして自明行により、無理なく全肯定に至り、一歩一歩「空への帰還の道」を歩んで行くのです。そしてこれからも自明行によって、何度も何度も回帰点を確認していくことになります。
その確認の度に、少しずつ因縁と運命の苦から開放され「**空**」への階段を登っていくことになります。

【観音様は**フラクタル共鳴**を深化させる】

「**不欠不満**」の特質により、個々の《生命活動》はその多様性を保つように均一にならないように、それぞれが異なる固有の「役割分担」を持っています。しかも独自性を持ちつつ、ある程度の独立性をも保ちつつ、互いに交流している状態を継続するように創られています。

このように「**不欠不満**」は、不平等を意味し決して均一化しないように、それぞれはそれぞれにふさわしい立場を確保することで、多層的に**フラクタル構造**を創っていくのです。

観音様から見れば、常に様々な多層の段階の**フラクタル共鳴**状態が共存していて、観音様自身は完全な最も深い**フラクタル共鳴**状態の中に居られます。そしてしばしば観音様は、衆生救済のために敢えて他の下層の**フラクタル層**にも係わります。

従って、観音様は決して因縁因果でもなく、善と悪との二極的にではなく、神と悪魔の二元論的戦いにでもなく、かといってすべて均一化された平面的にでもなく、従って必然的に多層化された**フラクタル共鳴**状態を深化させるように衆生を導くのです。

【「因縁と苦」は世界の宗教の問題】

仏教再生のためには、この章の「因縁と苦」を解決するために**五蘊皆空**という「本来性の立場」の存在を知って、現実的には「現実性の立場」で捉えて無理なく回帰点に至り、そこから全肯定へと登っていくプロセスが必要です。

そして同様に世界の宗教を観察すれば、少なからず仏教の「因縁と苦」に相当するモノは存在していて、そしてそこには同様に、全肯定のプロセスが見当たらないために、様々な矛盾や対立が存在します。

それは仏教と同じで「本来性の立場」がなく、「現実性の立場」が「本来性の立場」につながっていないという理由からなのです。

そこで世界の宗教再生のためには、自明行を取り入れて**五蘊皆空**の「本来性の立場」を前提に、現状の「現実性の立場」を一部追加修正することで、矛盾しない姿として世界の宗教再生ができると著者は考えています。

ここまでを知れば、玄奘三蔵が「本来性の立場」と「現実性の立場」とに二分類にして、それを繋いだことの重要さと、その凄さがわかると思います。

これは厳しい自己観察と深い**般若波羅蜜多**の「行」を積んだからこそ可能となった、立場の使い分けなのです。

そもそも「現実性の立場」とは「本来性の立場」へ至る階段であり、手段ですから従来のように「現実性の立場」しか説かなければ、その宗教の中だけでは矛盾に気づかないとしても、他の宗教との間では解釈に必ず違いが発生してしまいます。

そしてここに「本来性の立場」を明らかにすれば、すべての宗教において**五蘊皆空**は共通ですから、この点で世界のあらゆる宗教は互いに理解し合い、そのことで普遍性が回復できることになります。

【第六章】は、実にここまでのことを説いているのです。

この【第六章】では「本来性の立場」へ至る階段として「現実性の立場」を示し、両者を使いわけることで、これまで超えられなかった大きな壁を越えてきました。

しかしこの使い分けの構図を見失ない、両者を対等として平面的に扱ってしまうと「本来性の立場」では肯定していながら、「現実性の立場」では批判したり否定したりするわけですから、表現上は矛盾してしまいます。これからも、「本来生の立場」で完全と言っておいて、「現実性の立場」では不完全と言ったりします。

この使い分けの深い意味を理解できずに、論理の組み立てが分からなくなった人は、上っ面だけしか読み取れず、矛盾と思えたり混乱してしまうという問題が発生します。

ここに述べていることは、かなり高度な内容であり、ついてこれない人も居ると思います。

もしこのきわめて重要な使い分けを理解できない人は、混乱だけを与えてしまうことになりますので、その場合は一旦休み、もう一度はじめから読み返すことをお薦めします。或いは数年間、本書から離れその適切な時が来るまで、「不欠不満」に更新された般若心経を唱える習慣をつけて、或いは**フラクタル共鳴**を発する「祈り」を習慣づけて、自分なりに誠実さで、今暫く日常を送ることをお薦めします。

以下は、この使い分けを理解できた人のみを対象に説き続けます。

第七章

般若波羅蜜多によって覚醒する

以無所得故

菩提薩埵依般若波羅蜜多故心無罣礙無罣礙故無有恐怖遠離

一切顚倒夢想究竟涅槃

三世諸仏依般若波羅蜜多故得阿耨多羅三藐三菩提

前章の、無智亦無得を受けて……初期仏教の十二縁起と四諦には「智が無く得るモノも無い」と言い切った後を受けています。以無所得故の意味は、これらの経典には、霊的覚醒にとって何ら得る所は無いので、それ故に以下に本当の「涅槃に至る方法」を説きましょう。ここで地上の修行者が到達できる霊的覚醒の或る段階を涅槃と呼弥することにします。

そこで先ず菩提薩埵、つまり地上に生きる修行者は、これら旧語句と旧経典を破棄して、依**般若波羅蜜多**故　つまり**般若波羅蜜多**に自ら共鳴したから心無罣礙無罣礙故　つまり心に引っ掛かる黒雲が無くなり引っ掛かる黒雲が無くなったから無有恐怖、つまり明日を恐れる不安や恐怖が無くなったのです。

そしてさらに遠離一切顚倒夢想とは、**フラクタル共鳴**から分離した《色》の無い色のみの判断を遠くに切り離さなければなりません。これは後に詳しく説明する「想念切り離し」の行につながります。特に世にはびこる「実体が無い空」とするような、天地がひっくり返った、根本的に間違った呪縛の一切を切り捨てて究竟涅槃となるのです。つまり涅槃の境地に至るのです。

ここに示した想念の処理と、事象に対する心の処理まで含めて、現実を全肯定できて、はじめて涅槃という霊的覚醒の世界に達することができたといえるのです。

さらに天上界の修行者、即ち過去・現在・未来を同時に生きる三世諸仏は、同様に**般若波羅蜜多**に共鳴したことにより阿耨多羅三藐三菩提を得たのです。つまり、完全なる霊的覚醒を得ることができて【空への帰還】を完了したことになるのです。

【地上界・移行界・天上界・空中の世界】

地上界の覚醒と天上界の覚醒と、二つの覚醒があることになります。それは即ち、死後の世界が存在する事実を明確に説いていることになります。ただし順番からいえば基本となる《色》・《受想行識》・《諸法》からなる「空中の世界」が常に存在していて、そこに天上界が**フラクタル結合**されていて、その**フラクタル結合**に、さらに**フラクタル結合**された地上界があるということになります。

ところで、死後地上界から移行する世界を天上界と呼称しましたが、天上界は更に奥深く複数に分類できて、後にでてくる「彼岸」と呼ぶ世界をその入り口に含んでいます。この件は【第九章】で再び触れることになります。そこでここしばらくは天上界として説明を続けます。

《色》・《受想行識》から成る「**人間の本質**」は、経験を積んで成長した衣を着けて天上界に至ります。天上界に至った後は、**空中**の生命の根源に直結した阿耨多羅三藐三菩提という完全な覚醒を得るまでに成長することができるのです。

阿耨多羅三藐三菩提の世界は、まさに**空中**を主体とする世界であり、**空**・《色》・《受想行識》・**空**

相・《諸法》による完全な世界です。言い換えれば「人間の本質」である《色》・《受想行識》は、《諸法》という環境で《生命活動》を営みながら、自由に天上界・移行界・地上界を行き来できることになります。未だ地上界での使命が残っていれば、天上界から地上界の縁者を通して働きかけることもできるし、自ら生まれ変わることもできます。地上界で涅槃を体験し、その後天上界で阿耨多羅三藐三菩提に到達すれば、天上界と地上界の間を自由に行き来できるのです。

そしてこれらの世界を《生命活動》の環境の場としてみれば、人間とは《諸法》と法の世界を自由に行き来して活動している存在なのです。まさに観音様とはそのような存在なのです。

【錯覚の苦しみと正しい苦しみ】

観音様の到達した五蘊皆空の境地、つまり全肯定の世界を理想とし、それを基準として心の中に罣礙を発見し、そこに「正しい苦しみの自覚」を持つことで、それに関連する想念を切り離すことができます。この全肯定にまで至る作業のプロセスを「自明行」として、その例をいくつか述べましょう。

例えば……

事例（一）として、他者の中に悪を見つけてそれを捉え、その悪と戦うとするならば、それは自らの意識界が戦場となり、傷つき苦しむのは相手ではなく、紛れもなくあなた自身なのです。これこそが錯覚の苦しみです。**五蘊皆空**を目指すならば、これが如何に無駄な苦しみであるかを、一時も早く知るべきです。

他者の中の悪を見つけてそれを指摘することよりも、「それに否定的に反応する自分」の方を「苦しみ」として捉えて、それを罣礙と自覚できれば、それは「正しい苦しみ」の自覚となります。その後は「自明行」のプロセスに沿って、想念切り離しにより、「意識界」から切り離します。

修行を始めると感覚が敏感になり、いろいろ想念として、ベクトルとして感じるようになり、意識の世界に深く入り込んでいきます。

しかしそこは、決して覚醒の世界ではなく、感覚が敏感になったに過ぎず、あくまで今のあなたの人格の反映に過ぎないのですから、その内容を信じてしまってはいけないのです。

しかしもし、それを掴んで、相手に忠告してしまった時には、あなた自身は、その自分の発言の内容を信じてはいけないのです。感じ取った程度のことに過ぎないと言うことを知っているべきです。そのようなときは、後処理として「自分の忠告の言葉が、正しいかどうかは分かりませんが、相手の成長に役立ちますように」と、祈れば良いと思います。

もちろん、その相手にとっては、相手自身があなたに指摘されたことを、それが正しかろうと間違っていようと、肯定しなければなりません。**五蘊皆空**なのですから……。

でも、ここは自明行の場ですから、相手に関係なく、相手に忠告することが目的ではなく、あなた自身の罣礙を取り払うことが最優先でありべきであり、それが「自明行」となります。つまり、自分の感じることを何処までも無視し続ける事が修行となります。

正しく自明行を積み、意識界を超えてしまえば、今度は「じねん」の中で自分の責任を超えて、相手に適切な言葉を発するまでになれます。ベクトルを含めて自分の想念を自分の罣礙として自覚できれば、適切なタイミングを待って、あなた自身の「意識界」を汚さずに、相手が受け入れやすい場面で、それを指摘してあげることができるようになります。

事例（二）として、いつも自分を良く見せようとして、嘘をついたり背伸びをしていることを「疲れることだ」と自覚し、それを罣礙と自覚できれば、それは「正しい苦しみ」を自覚したことになります。先ず何よりも「正しい苦しみの自覚」にまで至ることが、最も重要な「行」です。

全ての事例で言えることですが、先ず「正しい苦しみの自覚」にさえ至れば、その後は「自明行」に従えば良いことになります。

事例（三）として、周囲の出来事にいちいち批判的に反応し、よく知りもしないのに感覚的に判断し、想念で周囲を汚していることを罣礙と自覚できれば、それは「正しい苦しみ」を自覚したことになります。

事例（四）として、いつも相手より優位に立とうとしてのことなのか、いつも自己正当化の理由を考えていて、何とか自分が被害者であろうとして、被害者意識の発想が習慣となっている心の姿勢を、罣礙と自覚できれば、それは「正しい苦しみ」を自覚したことになります。

事例（五）として、真の自信がないために、背伸びをして自分を高みに置き、虚栄の虚像を創り上げて、それにしがみついて生きている人がいます。その「虚栄の砦」を武装し、その中に閉じこもって、そこから周囲に批判の矢を放って、自分をやっと保っているその不安定な「心の姿勢」を、罣礙と自覚できれば「正しい苦しみ」を自覚したことになります。

このように多くの人達は、他人との比較の中に生きていて、ここに例として示したような「落とし穴」に落ちていながら、そのことに気づくことがなかなかできません。

「正しい苦しみ」の自覚こそ心無罣礙であり、これが「自明行」であり、これによって**空**への帰還の道を真っ直ぐに歩むことが可能になるのです。

従って心無罣礙は地上界のみならず、移行界においても特に重要な修行課題なのです。

その点、この地上界の体験を通して学ぶことは大きいのです。地上の世界であれば、あの「五つの落とし穴」に落ちても、たとえ**般若波羅蜜多**を知らなかったとしても、それを知識として知る機会に何度も遭遇します。そして軌道から外れていても、何度も修正の機会に恵まれるのです。

【多少高度な「自明行」】

「五つの落とし穴」を無事にクリアしたとしても、これ以外にも心無罣礙のための「自明行」には、まだまだ先が有ります。

例えば　事例（六）として、

何かを良いことと信じて強い信念を持って生きれば、一時は大きな生きる力になりますが、その強い信念は、それがそのまま**般若波羅蜜多**ではないのです。つまり**フラクタル共鳴**には至らないということです。それはすぐに限界に達します。往々にして、そこには強い独善があるモノです。しかしその信念が一面良いものをも含みますから、それだけにそこから出ることが、かなり困難になります。

【「自明行」を追究する】

事例（六）の続きです。この状態は、固執した独善の衣を、自らの意志で脱ぎ捨てられない状況なのです。そこでなのですが、「実体が無い空」ほどの固執ではなくても、人は自分なりの「善」を信じて、それを振り回し固執するモノです。もしそれが良いことであったとしても、その良いことに固執してしまえば、そのことに強い信念を持って生きてしまい、それが障害となって、より先に進めなくなります。

ですから、せっかくの宗教であっても、固執して強い信念を持ってしまうと、しばしば信念の塊となって、なかなかそこから出られなくなります。その固執した想念の衣を自らの意志で脱ぐことができなくなるのです。

つまり、よく見かける「臭い宗教」になります。この宗教臭さに対しては、そこに罣礙を感じ取ることが必要になります。多くの宗教における独善も、この固執から生まれた信念そのものです。

【「自明行」は技術ではない】

地上の世界であれば、**般若波羅蜜多**を体得した指導者に出会い、指導者に導かれて、それが罣礙であると教えていただき、それを自覚できるまでになります。

そして、その罣礙を切り離すためには、「想念切り離し」の必要性を感じ、その行を体得することができるまでになります。

自明行は手法ではありますが、決して技術ではありません。それを自分のために用意して頂いたことに心から感謝がなければ、**フラクタル共鳴**はしません。従って、「一次的事象の苦」は改善しません。いつまでもいつまでも、低迷が続きます。ただの道具のように扱い、そこに感謝もなく、使い捨てにするような姿勢では、爪でトンネルを掘るようなものです。そして、その爪で周囲を傷つけることをやりかねません。感謝がなければ、人を攻撃する道具にさえなりかねません。

中々自明行がうまくいかないと思うときには、自明行を与えて頂いたことに、感謝があるのか否か、さらに自明行に向き合う真摯な姿勢があるのか否かを疑ってみることをお薦めします。

「想念切り離し」に始まる「自明行」は決して技術ではないと強く意識することが必要です。ここで必要なのは素直な心と決して逃げない勇気なのです。そして与えて頂いたことへの感謝です。

希望的観測で自分を勝手に評価する人は一歩も前に進めません。ましてや、自明行そのものを勝手に評価して、使い捨てにするような姿勢では、百年でもそこにとどまり続けます。自分では進歩したつもりでも実はドンドン迷いの深みにはまって行くことになるのです。そして「何でもわかったような絶対に間違いを認めない偉そうな人」に成ってしまうのです。実際しゃべらせれば何でも一通りのことは言えてしまいます。

このように、自分を正直に内観することはとても難しいことなのです。ですから、この道は一つ間違うと、如何に危険な道に迷い込んでしまうかを、よくよく肝に銘じなさい。だから感謝が必要なのです。

【何と素晴らしく、しかし何と困難な道か】

「一次的事象の苦」を解決することができるなんて、何と素晴らしいことでしょうか。人間はそこまで成れるのだと分かっただけで、当時私は心が躍り、感涙し、飛び回りたいような大きな喜びをおぼえました。

こんなに素晴らしいことなのに、何故多くの人はそれを喜ばないのかと、よく考えます。

《色》の立場からは、こんなにうれしいことなのに、それを拒否するなんて、「色」に支配されている状態とは、そういうことなんだと改めて知った気がしました。

そこで私は、少しでも楽にできるように自明行を改良し、敢えて反省はせず、良いとか悪いとかも決めず、先ず自分のありのままの実態を知ることから、「正しい苦しみの自覚」に至るようにしたのです。

そこで、善とか悪とか、良いとか悪いとかの、日常の評価を離れて、良いとか悪いとかに関係なく、唯々自分のありのままの姿を知りたいという、強い意志がうまれるように導くようにしたのです。

その強い意志を持ちさえすれば、周りには鏡となってくれる沢山の味方が居ることがわかります。あなたの前で、あなたの持つ強烈な臭みを実演してみせる人が必ず出てきます。その時に、それを自分のことと知れば、あなたは、鏡となる沢山の仲間に囲まれて修行していることが分かります。あなたは決して一人ではなく、周囲の人達が頼みもしないのに、あなたのために、涅槃へ至る修行を応援してくれます。

涅槃に至るには、全てを糧として、自己正当化へ逃げずに、そして、自分を特殊とは思わずに、自分の裸の姿を知ろうとする、揺るぎない気持ちがわき上がるまで、待たなければなりません。

私の指導の経験から、時期が来ていない人に、これほど詳しく「自明行」を説いても、それすら逆手にとって、言葉の隙間を狙って自己正当化して逃げようとするものです。

このように、この道は自己正当化の誘惑が多く、一人で歩むのが大変困難ではあります。

私はそれが楽しいから出来たのです。我慢してやったことは一度もありません。自己正当化などしたら損ですから、絶対にそこには近づきません。貪欲に新境地を求めていますから、悲壮感などみじんもありません。ですから、それを強く求める人には楽しくできるのです。「一次的事象の苦」を解決したいという強い意志が有るか否か、それが解決することが楽しいかどうかが成否を決めるのです。

自ら「自明行」を成就しようと決意した人は、この誘惑の危険さを知って、守護の神霊に常に怖れを持ち続け、この誘惑を裁ち切る必要があります。仲間がいれば、仲間が誘惑を断ち切ってくれます。

自己正当化しようとする自らの弱さを自覚し、自らの嘘を嘘と認め守護の神霊に対して真摯な姿勢を貫けば、自分一人ではどうしても越えられなかった大きな誘惑の壁を乗り越えて、前に進むことが出来るまでになるのです。こうして何度も何度も生まれ変わっていくのです。

涅槃に至るにはここまでの行を誠実に成就する必要があります。

【「自明行」をさらに吟味する】

さて涅槃に至るには、心無罣礙無罣礙故無有恐怖をさらに徹底しなければなりません。

真摯な姿勢で、与えられた運命に立ち向かえば「罣礙」を直ぐに感じ取れるようになり、そこに自ら発生した「嘘」を発見できるようになります。その発見した「嘘」を嘘と気づき、「嘘」を嘘として宇宙の中に位置づけできれば、存在は許されるのです。しかし「嘘」が真実として存在することは、決して許されないのです。これが五蘊皆空です。

ここまでの記述には、修行の「本質的な意味」がたくさん秘められていますから、自分でよく熟読して内観して、自分の成長の糧としてください。

先ず【第五章】で示された無色・無受想行識から始まる全項目を確認する作業、つまり「無の修行」の中で、特に最後の「無意識界」に徹底することを意味しています。

これは前述の「想念切り離しの行」から入り、次の修行に続きます。それは即ち、瞑想により「意識界」の活動を極力低めて「意識界」を越える「行」の実践を意味するのです。この「行」により、己の「心の姿勢」を見つめ続け、「心に一切の引っかかりを残さない心無罣礙」の状態に至ることができます。これも般若波羅蜜多の「行」の一部です。

人はしばしば人間関係に苦しんで「救われ」を求めますが、それはきっかけであり「救われ」の目的ではありません。救われた結果の一つとして、人間関係の苦しみも少しずつ解決していきます。

【涅槃に到達するために必要な自明行】

「心の姿勢」を守護の神霊への「帰依」に保つこととは、守護の神霊への感謝の姿勢を継続することを意味します。そしてそれが人間の正常な姿です。

そこで、この帰依の「心の姿勢」以外の「心の姿勢」をすべて「無」とするのが、自明行です。それらをここに纏めて自明行を大きく分類しておきましょう。(自明行に関しての詳細は拙著「復刻版・人間やりなおし」献文舎・文献三を参照のこと。)

先ず、「心の姿勢」の自明行があります。この中の中心は「嘘発見の自明行」です。守護の神霊に帰依を失えば、たちまち「心の姿勢」は乱れ、さまざまな嘘が発生します。その決定的な嘘が「被害者意識」です。人間というもの「被害者意識の自明行」を実践しただけで、人格が大きく変わるのが実感できます。それから、人は日頃から「色」の立場で損得勘定して生きていますが、自明行としては徹底的に《色》の立場での損得勘定をして生きる「損得勘定の自明行」があります。

それから、日常的に、自分の思考の及ばない所まで手を伸ばして、いつも勝手な判断を下している愚かさに気づき、必要な事柄以外は判断しない、そもそも判断できないことを判断しない、とする「判断放棄の自明行」があります。多少敏感に、相手の雰囲気を感じ取るようになると、そこにはまた落とし穴が待ち構えています。そこで感じる人物評価など、殆ど価値がありません。そのような判断を放棄しなければ、今感じる世界が、あなたの住む世界として固定してしまいます。涅槃にまで行きたいのなら、このような事象の評価や人物評価を徹底的に捨てきらなければなりません。この「判断放棄の自明行」を実践することで、心の中はだいぶ静かになります。

「心の姿勢の自明行」の最後は**五蘊皆空**を自明行に取り入れた、「理不尽の理の自明行」があります。如何にその事象が理不尽と見え、不合理と見え、不都合と見えようと、それは「本来性の立場」から見れば肯定されているのだ、と判断する行です。これは自明行の切り札で、これが咄嗟にいつでもできるようになれば自明行は卒業です。

ここまで「心の姿勢の自明行」を示しましたが、「心の姿勢」を見つめることはなかなか訓練を必要とするので、一つ次元を落として、想念の段階で自明行を実践することをお薦めします。

それは、いかなる「想念」をも、自分の心から切り離してしまう「想念切り離しの行」を最初の自明行として始めることをお薦めします。わき出す想念を見つめて、はじめはそれを掴んで、外に投げ捨てることを繰り返します。慣れれば、いちいち掴まなくても、流れるままに想念を見送り、流してやることが出来るようになります。

般若心経の「無意識界」とは、上記「心の姿勢の自明行」と、この「想念切り離しの行」を含んでいると思われます。

涅槃に到達するためには、これらの行を成就しなければならないのです。

【自由よりも優れた「じねん」の行動原理】

「感謝」と「祈り」の中で大方針の下に計画を創り、あらゆる準備をしつつ、行動の時を待ち、その時が来れば「積極的」に「誠実」に、そして「無作為」に行動し、その中で最終結果を委ねる行動原理を「じねん」と言います。その結果「じねん」とは、他と同じモノや条件を欲するのではなく、自らの天命成就のために必要なモノと条件を、強引にならずとも必ず与えられるという行動原理を意味します。それは自由の行動原理よりも尊いのです。

現在とは、あらゆる『現象と事象』の総合的結果です。そこで「じねん」の行動原理による現在という結果は、過去から未来までの**フラクタル共鳴**の中で形成される『**現象と事象**』が、幾重にも係わって、現在という時点に投影されてきますから、そこには強引さがないのです。この「じねん」の姿勢こそ、最も優れた行動原理なのです。積極的で誠実さの裏付けのある「じねん」の結果として、運命に、そして形に表現されるのが、守護の神霊の導きの結果です。

この「じねん」を求めることが涅槃に至る修行なのです。誤解のないように言えば、祈ってはいても何もしないで結果だけを求めることは、「じねん」ではありません。誠実さと積極性の裏付けがなければ、**フラクタル共鳴**には至りません。つまり「じねん」には至りません。

守護の神霊への帰依の「心の姿勢」を、生かされる「心の姿勢」としてこそ、「じねん」は成されます。或いは**五蘊皆空**の「心の姿勢」が「じねん」を生み出すと言ってもよいでしょう。

もしこの「心の姿勢」がないまま言動行為だけが整っていれば、そこに大きなギャップがあり、それは「作為」となります。それは、そのまま偽善となりますから、それを「正しい苦しみ」と自覚して処理することが修行となります。

より具体的に日常生活において「心の姿勢」を整えるためには、以下のような処理をしなければなりません。**般若波羅蜜多**の行により、その「じねん」に反する言動行為を「正しい苦しみ」として、一旦、確実に捉えなければなりません。その後にその正体を見極めて、その後に破棄することで、「無意識界」を達成する、というプロセスを確実に経過することなのです。

【「心無罣礙」は「無意識界」と同じ】

つまり、ここでのテーマの「心無罣礙」の修行とは、「無意識界」の修行であり、言動行為そのものので評価するのではありません。自らの言動行為と「心の姿勢」とのギャップを捉えて、「心の姿勢」を帰依の姿勢に修正し、整えることに専念する修行なのです。

さらに言い換えれば「心無罣礙」も「無意識界」も、色が《色》に帰依する「心の姿勢」を安定に保つことと同じです。この修行においては「心の姿勢」に、もし嘘があれば、それを「正しい苦しみ」と感じ取って、直ちに修正し、帰依の姿勢を保つことであります。それは生かされる「心の姿勢」を安定に保つことを意味します。間違っても、いかにも悟ったような偉い立場の「心の姿勢」を保つことではありません。

《色》に帰依する姿勢を求め続けることで「心の姿勢」を謙虚に保つことができます。

ここで帰依の「心の姿勢」を安定に保つ行は、「想念切り離し」の行よりも上位にきます。両者を明確に分離する必要はありませんが、「心無罣礙」は「心の姿勢」の行で、「無意識界」は「想念切り離し」の行と大別することができます。そして、この二つは結果としては同じであると言えるのです。

そしてこの二つの行を習得すれば、自らの心を「じねん」の内にコントロールできるようになるのです。

ところで、《色》に帰依するとは自分の本質に帰依することですが、観音様に帰依すること、即ち守護の神霊に帰依することと同じです。自分の本質と、守護の神霊との間に違いはないのですから。

観音様が度一切苦厄と宣言したことは、このことを意味します。

「帰依の姿勢」を保つことによって強力な**フラクタル共鳴**が発生し、その時《色》からは時空を越えた**般若波羅蜜多**の生命エネルギーが、ふんだんに供給され、その中で天命を果たしていきます。

目先が不利に見えようと見えまいと、帰依の姿勢と、その場での誠実さを貫くだけで、心境は上昇していきます。人生は修行ですから、短期的には様々な障害がありますが、その障害を乗り越える度に**般若波羅蜜多**を学び、長期的に振り返れば、まさに「じねん」のままに運命が創られてきたことが実感できるようになります。私達は自由こそ最高の価値と教えられてきましたが、「じねん」こそが、それを越える最も崇高な価値なのです。「じねん」を求める修行とは、そのまま**般若波羅蜜多**の瞑想と行の実践そのものなのですが、「空」の名称の由来ともなっているように、これは「意識界」という色に属する心を空しくして、空に至る修行なのです。

そして、これまで習慣的に積み上げてきた思考とは、空外の色に由来するのでした。そして「意識界」を一旦「無」にして、その後に到達する思考とは、本来の空中の《色》に由来する思考なのです。

本来、色は自らの意志で帰依して《色》の主導の下に入らなければならないのです。そのことに気づかなければ永遠に帰依できません。これには「行」として、色による《色》への徹底した帰依が必要なのです。

そして般若心経ならば、それは観音様に帰依することと同じであり、それは守護の神霊に帰依することと同じです。この帰依の行は般若波羅蜜多の「行」の一つですが、これを完璧にこなすことは、なかなか困難であると知るべきです。しかしこれを成就できれば一気に行は進みます。

【「想念切り離し」の行を深める】

「心無罣礙」と「無意識界」の共通点を学んだ所で、空中と空外を切り離す「無」の行を、さらに詳しく説明しましょう。既に【第五章】で詳しく述べたように、「意識界」とは人間の大脳皮質によって形成された疑似空間・疑似時間・疑似現象によって生まれた心の世界、即ち事象の世界なのでした。

そこでこの章では「無意識界」を「行」として実践することになります。この「行」は最大の難関であることを知って臨んで下さい。これが難関である理由は、人間は「意識界」の出来事を真実と誤解してしまっているからなのです。自分が感じている事象を真実と信じているからなのです。

空外の色・受想行識に従属した「意識界」に蓄積している想念の一切を切り離す行が、習慣となるまで、継続しなければなりません。一つ一つ事象の意味を捉えて、切り離すことから初めても良いのですが、やがてコツを覚えれば「それが想念である」というだけで、切り離しができるまでになります。即ち、自らの「心の姿勢」を宇宙の構造の中に正しく位置づけることで、「自明行」は完成します。そしてより具体的には、想念の意味内容にかかわらず、想念を「実体の無い」**空外**として分類して、位置づけすることにより「自明行」は完了します。

ここで一時、立ち止まって考えてみれば、《世界観》の中で、自らの位置を正しく位置づけることが「自明行」であると分かります。従って、著者が開拓した「自明行」とは、**般若波羅蜜多**の「行」そのものであったことが明らかになったのです。

【敢えて危険な道を歩む必要はない】

「瞑想」には、無指向性方式と指向性方式の二つの種類があって、危険が少ない指向性方式こそ選択すべきです。**フラクタル共鳴**に至る高い理念を持った祈りを、祈りつつ、瞑想に入っていきます。「解読された般若心経」を静かに唱えて、瞑想に入っていけば良いと思います。

ただし、**フラクタル共鳴**に至らない独善的な主旨の祈りであれば、その行き着く先に普遍性はありませんから、最初によく吟味すべきです。

間違った「瞑想」と「行」として注意すべきは、頼るべき理念がないまま瞑想に入ると、無指向性方式となってしまい、方向が定まらず、想念の中に何か真実があるのではないかと思って、想念をいじり回すことになります。そこは潜在意識のまっただ中で、潜在意識の中には低い疑似人格が棲んでいて、いろいろ邪魔をしてきますから、それには決して係わらずに徹底排除しなければなりません。

経験上、無指向性方式は確かに全方位を向いていて、普遍的ではあるのですが、最初は理念を定めて指向性方式とするのが適切です。比喩で言えば、山に登るのにわざわざ登山道を外れて、山に登るのは危険だという意味です。原理的には登山道以外を歩いても、いつかは頂上にたどり着きますが、常に危険がつきまとうことになります。多くの人が登山道から外れ、どこかの祠《ほこら》に入り込んで、そこが目的地と思ってしまっています。

想念の中に真実はありません。目指すは「無意識界」の行ですから、それが幻覚や幻聴を通して、真実に達することはありません。それを越えたところに真実はあります。そこで一時も早く、「想念の中に真実はない」と知って「意識界」を越える決心をすれば、その時から本格的に「無意識界」の行が始まります。

頂上まで続く、迷いの道のない、整備された本格的な登山道が、この書の中に用意されています。

【「自明行」の成就の後に《色》の自由性が顕在化してくる】

《色》の自由性はこの色の持つ「意識界」を切り離した時に、押し出されるように顕れてきます。

般若波羅蜜多の瞑想と行は、これは涅槃に至るための修行であり、指導者となるためには避けては通れない「行」なのです。そのためには、それなりの決意をもって、「行」に臨まなければなりません。これには命をかけるほどの決意が必要なのです。

何度も言うように、瞑想も行も決して技術ではありません。しかもここからは「何々したから悟れる」という「交換条件」でもないのです。ここは正直さ・素直さ・誠実さが問われる場面です。

ここで正直さ・素直さ・誠実さとは、**空**の持つ時空を越えた完全性の下に、普遍にして絶対なる価値を確信し、たとえその詳細を知らなくても、その存在を前提として勇気を持って、自らそれに従おうとする姿勢といえるでしょう。

この普遍にして絶対なる価値に帰依しようとすれば、必ずそこに自らの「心の姿勢」との間にギャップを自覚できて、そこに「正しい苦しみ」が生じます。この「正しい苦しみの自覚」と**般若波羅蜜多**の「瞑想」が加わることで、これが修行の両翼となります。片方が欠けては大きくバランスを失い、涅槃に達しないのです。

どんなに本を読んで知識を得ても、それは覚醒ではありません。却って自らの位置づけが狂ってしまい、一旦落とし穴に落ちてしまいます。つまり知識だけでは行深**般若波羅蜜多**とは決してなりません。**フラクタル共鳴**はしないという意味です。知識だけではどうしても深まらず、浅い所を漂い続けることになります。本当の**般若波羅蜜多**の体験者となるためには「行」としての「正しい苦しみの自覚」が必須となります。

【「空への帰還」の道は、限られた人だけが歩む】

世に修行者を名乗る人はあまたいても、覚者が簡単に世に出てこないのはこの「正しい苦しみの自覚」と「想念切り離しの行」を主とした、体系だった自明行の実践がきわめて困難であるからです。

ここで、自明行とは著者の作った言葉ですが、実質的に内容が同じであれば、それで良いわけです。しかし、世の中を探してみても、自明行の断片らしきものはいくつも見つかりますが、全体を統合的に体系的に説いたものは見たことがありません。

あちこちに点在する自明行の断片をやってみても、自己流になって袋小路に入り込み、苦しんでしまいます。それだけでは不十分です。善悪の世界で、祈りを重ね、帰依し、瞑想を深めても、限界があります。

ですから、人は中々覚者にはなれないのです。「想念切り離しの行」と「正しい苦しみの自覚」による体系だった自明行ができなければ、目の前に有る「空への帰還」の道の入り口を発見し、その道を安全に進むことはできないのです。

ここから先は狭い入り口を自分で見つけて、自分の足で歩いて行かなければなりません。つまり、ここから先は、これまで練習した自明行を道しるべとして、体系だって、実践しながら切り開く道です。

しかしながら、この先の道は守護の神霊がピッタリ付き添って案内しますから、守護の神霊に心を合わせ、聞く耳を持てば、決して困難な道ではありません。心素直に守護の神霊の導きに従えば、無事覚醒の世界にまで到達できるのです。

その体系だった自明行を誠実に実践する覚悟がないために、そして素直さが不足しているために、入り口を見つけられないか、その入り口の存在に気づいたとしても、殆どの修行者はそこに入ることを拒否してしまうのです。それは必死にぶら下がる「色」の最後のあえぎなのです。

この入り口の付近までは、自己都合の断片の自明行や、祈りや瞑想の修行によって到達できるのですが、覚者を目指す人は、ここで一瞬たりとも立ち止まることはありません。

そしてこの先は、さらに学ぶ姿勢に徹して、分かったと思う想いも捨てて、体系だった自明行を羅針盤として、一歩一歩進まなければなりません。この道には崖や落とし穴が沢山あって、それを越えたその先に覚醒の世界があるのです。そこでさらに修行臭さをなくし、バランスを整える修行をして、初めて般若波羅蜜多の真の体験者となるのです。さて、本書では覚醒を広い意味で・涅槃を狭い意味で遣っています。ですから、この涅槃の先にもさらなる覚醒の世界は展開します。ここで般若心経は涅槃までの道程を示すのが主旨でしたから、この先にもさらなる展開があることを知って、それが必要になったときには私の他の著書を参考にしてください。


涅槃まで到達して、初めて「空への帰還」を成就したと言えるのです。そしてやっと、「考えれば分かる人」に成れたのです。そして、ここまで来なければ、考えても分からないのです。

ここまで来てみれば既に明らかなのですが、「人間の本質は空」だからこそ、考えれば分かるのであって、もし空でなければ、考えても分からないのです。ですから、実は誰もが「人間の本質は空」であるとの前提で、考えれば分かるとの前提で、「色」による様々な障害の中で、いろいろ考えて生きているのだ、ということも明らかになったのです。

この覚醒へと至る道の入り口付近は読者の皆さんにもよく見えるように、戯画化して書いておきましょう。

この入り口付近は全体が見えないくらいの大駐車場になっていて、誰が建てたのか「最終到達地点」と書いた大看板が立っていて、「ここだ、ここだ、ここで降りて」と誘いの声をかけてきます。

向こうに小高い山が見えているから、この道は更に続いていることは分かっているけれども、それはここから見たことで、ここと大して違わないだろうと判断し、あの山まで行ったことにしてしまおうという誘惑に負けてしまいます。その先まで行く勇気のない多くの修行者はここに車を止めて、財布をポケットに入れて、併設する施設に入ってしまいます。

この施設はかなり広く、温泉もあって、お土産が沢山並んでいます。そこでは皆で酒盛りしながら、自分もだいぶ分かってきたし、人からも評価されるようになったしと、まんざらでない人たちがたくさんいます。皆が教えたい先生ばかりで、謙虚に人から学ぼうとする人は皆無で、自分の知識を披露したい人ばかりがたくさんいて、自らの修行や人生や道について、皆得意げに語り合っています。確かに、これらの人たちにとっては、この大駐車場が、間違いなく「最終到達地点」なのです。

さて、この戯画化された光景は皆さんにもよく見えるでしょう。あなたが覚者でない限り、間違いなくあなたもその中にいるのです。その光景の中に自分自身がいることを確認して下さい。

ここに駐車する人達は自分の「一次的事象の苦」は見ないようにして生きていく事に決めた人達です。これらの人達は、世の中に点在している自明行の断片に触れたときには、何かしなければならないとの気持ちで、しかたなく自分の中の「一次的事象の苦」の中の、ごくごく小さい犠牲者を提出して、それで大きな苦を隠そうとさえします。次のスケープゴートを決めているのです。多くの人達にとって、これほどまでに、この「一次的事象の苦」を明らかにすることは苦痛なものらしいのです。

この体系だった自明行を成就する人はきわめて少ないのですが、実はそんなに難しいことではありません。本当は一番楽な生き方の筈なのです。《色》の立場に立てば、実は最も簡単なのです。本当はとても楽しい行なのです。開発者の私はとても楽しくやりました。楽しくやってこその、自明行なのです。

日常生活において、周囲の出来事やそれに係わる自他を、良いとか悪いとかに分類することではなく、背伸びをせず、身の程を知り、自分自身を正直に見つめ、それでも「色」に支配される個の自分に気づいていれば、実は最も簡単に歩める道の筈なのです。ここでは守護の神霊に心を向けて、現実世界を徹底して誠実に生きようとする心の姿勢が問われているのです。そして、この心の姿勢が整わなければ、何をやっても、うまくいきません。

【簡単ではない自らを呪縛する想念からの開放】

その上で、ある程度の期間徹底すれば、数年間程度、思考を鎮め、想念を客観的に見て、その想念を思考から切り離すのです。これを「想念切り離し」の「行」と呼ぶのでした。この「行」で、長年蓄積した習慣の想念を自分から切り離すことができます。

そしてこの「行」の前提としては、「自分は既に、長年蓄積した習慣の想念により、呪縛された状態である」との自覚が必要であり、その上で「想念切り離しの行」を実践する必要があります。

さらに、今更、呪縛の有無を議論するのではなく、もう既に自分は呪縛の中にあるとの前提で生きることが、極めて重要になります。この行の前提には「これまで自分は想念の呪縛によって苦しんできた」という強い自覚が必要です。この自覚を持つ人に対してのみ、深化した次の世界が準備されていることになります。そこまで達してからの「行」でなければ、この「行」はまったく効果がありません。

自らの想念による強い呪縛を切り離し、新しい思考の習慣ができるまで、最低十年間はそれを強く意識して続けなければなりません。

【フラクタル共鳴の中にベクトル反共鳴が発生する】

潜在意識の中には、長年に亘り、**フラクタル共鳴**に反する否定想念の蓄積が作り出した事象が、一つの意味（ベクトル）として、潜在意識の中に形成されています。この負の作用をするベクトルの場を、ベクトル反共鳴と呼称します。

人間はベクトル反共鳴のエネルギーを蓄積しながら、一方で、それを現実の運命に具現化しつつ、その分を消滅していきます。それであっても五蘊皆空の観点からは、ベクトル反共鳴はフラクタル共鳴と本質的に対立するモノではなく、これは大きなフラクタル共鳴の中にあって、周囲と比較して相対的に負となっている状態であり、反共鳴のエネルギーが消滅するまで、いっとき負のエネルギーを出し続けます。このベクトル反共鳴の大半が浄化される方向に向かわなければ、本当の意味での霊的覚醒や救われはありません。

これは想念の呪縛が創った自分固有の事象ですから、自らベクトル反共鳴に気づいて「自明行」に持ち込みさえすれば解決できるのです。後は観音様の導きによって事象の一つ一つを確認する作業を経由することで、想念切り離しができるようになり、一気に浄化される方向に導かれていきます。

この呪縛された自分の姿に「正しい苦しみの自覚」を持ち、真実をつかみかければ、これまで自分を支えてきたあの強い信念さえも、今となっては無用の長物と見えてきて切り離しを決意できるのです。

【観音様を心底怖れる覚悟が必要】

「正しい苦しみの自覚」があれば、こびり付いた習慣的思考の一切を切り離すことが、自らの強い望みとなり、望みとなるからこそ、そこに守護の神霊の導きが作用して、この「想念切り離し」の

「行」が成就できるまでになるのです。

これは観音様、つまり守護の神霊が、本人の内から湧いてくる強い欲求に応えてくださるのであって、義務感や強制では、絶対に成就しないことを知っておくべきです。

守護の神霊に対してまで自己正当化したり、被害者意識になったり、屁理屈を言ったり、言い訳したりするようではたちまち失格です。守護の神霊を身近に感じつつも、守護の神霊を正しく怖れ、自らの生涯を賭けた、内から湧いてくるどうしようもない強い欲求があってこその「行」なのです。

【今の人格の延長上に霊的覚醒は無い】

「行」といっても、今の自分の人格に、さらに積み上げていって到達する世界ではありません。自分以外の所に、真の人格があるという前提で出発しなければなりません。

そのためには、これまでの人生体験を一旦バラバラにして再構築しなければなりません。つまり今の人格を一切捨てて、捨てて捨てて捨てて切って、これまでの人生体験を《世界観》の下に、ゼロから積み上げることによってのみ、未来の霊的覚醒は得られるのです。

この決心がつかない限り、この「行」は成就しません。ですから、これは今の自分に満足している人にとっては絶対にできない「行」なのです。全人類の中で何十人できるかという話しです。

これから戦う相手は、今までの自分を守ろうとする自分自身なのであり、その中身は潜在意識に蓄積した呪縛による習慣的な思考であり、想念の呪縛です。それは**空外**の**「色・受想行識」**による習慣性の思考のことであり、これまで空中の《色》・《受想行識》の主導を無視して創り上げた「仮の自分」を一切捨て去ることを意味します。

ですから、この「行」を実践するにはそれなりの覚悟が要るのです。そしてそれなりの覚悟無しには、この「行」は決して成就しないと知るべきです。ここからは、いつもの日常生活の延長では決して成就しない段階に入っていきます。しかしその時機が来た人にはそれができるのです。この「想念切り離し」の「行」ができたかどうかが、霊的覚醒の分かれ道となります。涅槃と言われる境地にはこうして達することができるのです。この行は想念を自分から切り離すのであって、想念を無くすことではありません。一切の想念を客観的に外から見ることができるようになるための行です。この「行」では細かな想念など無視してよいのです。狙う想念は、自分を支配し、自分の運命を縛っている強烈なベクトルに気づき、それを自分から切り離すことなのです。それは、自分を支配している余りに大きなベクトルであるために、それに気づいていないのです。

これは機が熟していないと成功しません。どうしても出来ない人は、まだその時機が来ていないと知り、身の程をわきまえ、謙虚に生きるべきです。

この行を成就していない多くの人達は、相変わらず空外の「色・受想行識」のままに、怖いもの知らずで立場を逸脱して、堂々と振る舞います。これは、想念を自分と信じて、想念の支配する思考のままに、想念の奴隷として生きている人達なのです。

人間は、空外の「色・受想行識」に生まれながらに縛られて生きてきた存在です。言い換えれば、これまでは空外の「色・受想行識」の配下にあり、真の自分である空中の《色》・《受想行識》をないものとして、「仮の自分」を自分と錯覚して生きてきたのです。

十年単位の期間、この「行」を徹底的に実践することで、これまでの肉体にまつわる空外の「色・受想行識」に従属した意識を一旦切り離し、そのことで「仮の自分」を切り離し、やっと空外の「色・受想行識」からの支配を切り離すことができるのです。しかし生身の人間は空外の「色・受想行識」とフラクタル結合しているのですから、何でもキレイに分離できるということはありません。できない自分をキッチリ自覚して、それを外に見ていれば、実質できていることになるのです。ここまで到達して、やっと本来の空中の《色》・《受想行識》主導の下での、空外の「色・受想行識」に生まれ変わることができるのです。こうして、真の安心に満ちた涅槃の境地に至ることができるのです。そうして、見事に明日への恐怖は取り除かれます。

この「仮の自分」を、一旦捨て去るプロセスをなくしては、真の霊的覚醒は存在しません。「仮の自分」を真の自分と信じている限り、人間は苦しみ続けます。

「無意識界」の「無の修行」の最後には、これらの現代の価値体系をも一旦リセットすることで、最終的に絶対普遍の価値体系に到達できるのです。

空外の「色・受想行識」の意識をいくら訓練しても、いくら磨き上げても、知識を詰め込んで、その知識を切り売りして人に教えることはできたとしても、そのことで悟ったつもりにはなれても、そこに霊的覚醒は一切ないのです。空外の「色・受想行識」は、真の自分ではないからなのです。

【いよいよ空への帰還を果たす】

この、「無意識界」のプロセスが非常に困難であるために、霊的覚醒はなかなか遠いのです。ましてや、「実体が無い空」を抱えたままでは、霊的覚醒には永遠に到達することはないのです。

もしあなたが中途半端に「無意識界」を修めて、これで良しと思ってしまえば、それがあなたの霊的覚醒の限界となります。ですから、滅多なことで「無意識界の修行を成就した」とか、「私は覚醒した」などと完了形で言うべきではないのです。そう言い切れば、そこが最終の到達点となってしまいます。

ところで般若心経が解読された現代は、これまでとは事情が違います。

あなたは、これからこの書を正しく理解し、ここに示した数々の「行」を実践する計画を自ら立てて、その通りに行じなさい。この書を案内書として《世界観》を知り、その中での自らの立ち位置を見極めることができれば、涅槃への道をゆっくり歩むことができます。途中には幾つもの誘惑があり、袋小路にはまってしまうこともあるでしょう。袋小路に入り込んだという自覚があれば、それは既に「落とし穴」に落ちているのだと決めつけて、それを発見するための内観の行を実践しなさい。

守護の神霊に帰依しつつ、内観を積み上げていく中で、道の修正をしていただくのが良いのです。必ず「落とし穴」に落ちているという前提で内観すれば、その「落とし穴」を発見できます。もし自分は落ちていないとか落ちるはずはないという自信がある人は、それはもう既に百パーセント落ちている人といえます。

現代は、多くの人がこの困難なプロセスを成就して、真の霊的覚醒を得て、空への帰還を成就するときなのです。

【人類に働きかける】

人類としての色・受想行識を抱えたまま、色即是空空即是色のための活動が展開し、そこに真の人類の恒久平和を創り上げるという時なのです。現代から未来にかけては、正にそのような時代なのです。その時に至ったからこそ、こうして般若心経は現代に蘇ったのです。

真の自分の、空中の《色》・《受想行識》主導の意識にまで至れば、人間は自然に、深いフラクタル共鳴へと導かれます。そこには全く新しい価値観が生まれてきて、人間はやっと苦しみから解放されます。つまりフラクタル共鳴に至ることで、人間は「錯覚の苦しみ」から解放されます。

そうすれば自らの生きる道も自然に見えてきて、人類の進むべき方向も見えてきて、この真の自分の空中の《色》・《受想行識》主導の新しい価値観から、新しい行動原理が生まれてきます。それは「般若波羅蜜多の実践」そのものです。

【修行の両翼　般若波羅蜜多の瞑想と行】

地上界の修行者は「無意識界」の「行」を成就するために、「心無罣礙」に徹して魑魅魍魎の徘徊する潜在意識を通過しなければなりません。ここはまさに移行界とつながっていて、玉石混淆であり、移行界へエネルギーを供給しています。

潜在意識には断片の事象が何の脈絡もなく矛盾したまま存在し、色・受想行識に障りとして働きかけます。この潜在意識に翻弄されないためには、常に《色》に帰依し、つまり守護の神霊に心を向け、よそ見をせずに、一切の錯覚を受け入れずに、いかなる尤もらしい錯覚をも徹底的に無視して進むことによって、潜在意識の世界を超えて空の世界に向かうことができます。

般若波羅蜜多の「行」を深めて、空への帰還の道を進み、いよいよ空の立場に立ち、そこから地上界へと働きかけることになります。ここでは「心無罣礙」として一言で済ましてしまっていますが、これはきわめて困難である、との予備知識を持つべきです。そしてこれはとても重要な「行」なのです。

般若波羅蜜多の瞑想と「心無罣礙」の行は、修行の両翼でどちらも欠かすことができません。「罣礙」に対して「正しい苦しみの自覚」を持つことが、「心無罣礙」の意味するところです。「錯覚の苦しみ」を持つことではなく、それを錯覚と気づいてその錯覚を切り離すことが「心無罣礙」です。「心無罣礙」によって修行の方向が明確に定まります。定まったその方向に、**般若波羅蜜多**の世界が深められ成長していきます。

【涅槃とは決して自他に完全を求めない】

五蘊皆空として、宇宙の**フラクタル構造**の中で、自分の目の前に生じるすべての事象を、それが都合よく見えようと都合悪く見えようと、その事象が今ここに存在することを必然と受け入れて、全肯定するのです。

しかし決して悪と見えることを、そのまま肯定するのではありません。そのまま完全な意味を持つ事象である、と言いくるめることでもありません。完全とは人間が考える完全なのであって、真相は人間にはわからないのです。人間からは不完全と見えても、本当はそれで良いのかもしれません。反対に完全と見えても、本当は不完全なのかもしれません。それは人間には分からないのです。ここで「本当のところは自分には分からないのだ」という認識が必要なのです。これを知ることが、確かな一つの「救われ」でもあります。

真実は「不完全」を正しく知りさえすれば、その時「不完全」は「完全」の一部分となり肯定されるのです。

この真実を知れば、相手に強く、自分の考える完全を求める愚は犯さなくなります。

そしてもちろん、自分に対しても、自分の考える完全を強く求めすぎることはなくなります。

ですから、涅槃とは完全な人間になることではないのです。色・受想行識を抱える自らを、《色》・《受想行識》の下に、不完全な人間として位置づけることなのです。

完璧を装うことなく背伸びをすることなく、不完全に違いない自分を、そのまま不完全に違いないと認めることです。しかも、不完全そのままで「完全」の一部となっていることを知っています。

このとき五蘊皆空として、自らの不完全さを自覚し、自らを宇宙の中に正しく位置づけたことになります。同様にして、過去の不完全な事象も正しく位置づけし、五蘊皆空の中で全肯定できるまでに到達します。

その意味で、過去の現象は変えられないが、過去の事象は正しく「自明行」することで変えられるのでした。これは重要です。

目の前に展開する、或いは過去のしこりとなっている悪とみえ、不完全とみえる事象を、必然として受け入れ、五蘊皆空として全肯定することができて初めて、涅槃の境地に達することができるのです。

究竟涅槃とは、このように全ての事象に対して、それが不完全のまま全肯定出来るようになることでもあるのです。

現実の自分に完全を求めず、現実の他人にも完全を求めず、その不完全の人間を前提として創る集団が、人間社会なのです。現実社会をみると、相手にのみ完全を求めて、責任を追及するような社会にみえます。不完全な人間が集まって創るのが人間の社会なのだと認識し、その前提で秩序を創らなければなりません。

人々の祈りによる**フラクタル共鳴**が強ければ、不完全と見える事象も、時空を超越して、過去・現在・未来まで含めて、我々人間にとって、より適切な事象が統合されます。

相手に自分の考える完全を強く求めると、建前ばかりが優先し、偽善的な社会になってしまい、実態から乖離し、形式だけを整えようとする社会になってしまいます。キチキチの形状優先の社会は**フラクタル共鳴**しません。そもそも究極の場面では、事象の完全・不完全を、未来を見通せない人間に判断することはできないのですから……。

【人間は本来空だから悟れる　空でなければ悟れない】

「空は実体そのもの」であり、人間は本来空の住人なのだからそれができるのです。これが本来の人間の姿です。

だからこそ人は覚醒できるのであり、もしも空が実体が無いのであれば、覚醒そのものが実体が無いことになり、覚醒の意味そのものを失います。つまり仏陀入滅後の混乱期に「実体が無い空」を受け入れてしまったことで、致命的な欠陥が発生してしまったのです。

般若心経が示した生命観、即ち《「人間の本質」は宇宙の本質であり「宇宙の本質」は「人間の本質」である》として示された本書の第三章こそ、人類に示された究極の解答なのです。

もしあなたが、「人間が考えることに十分な意味がある」とする立場ならば、あなたは既に「人間の本質は空である」ことを認めていることになります。ですから「実体が無い空」では、考えることすら意味がなく、何事も始まりません。

「人間の本質」が空ではなく、神によって創られたモノであるとか、唯物論的に動物から進化しただけの存在であるとするならば、この創られた頭脳で人間が何を考えたって、そこに本質的意味があるという保証は一切ないということになります。そこにあるのは、せいぜい進化の中で取得した種の保存の本能に由来する好き嫌いや、目の前の損得勘定程度のものということになります。

これはチョット考えれば誰にでもわかることです。

ここで**フラクタル共鳴**を意味する**般若波羅蜜多**とは、これは【**基本三特質**】である**永遠性**と**絶対性**と**普遍性**を基本とする価値体系に共鳴し、宇宙の**フラクタル構造**を縦に貫く変換自在なベクトルであると意味を補強しておきましょう。

言い換えれば、人間は**般若波羅蜜多**の「瞑想」と「行」によって、「**空中**」と「**空外**」とを**フラクタル結合**し、さらに深い**フラクタル共鳴**へと導き、次元を超えて宇宙の中を縦横に展開して生きる存在なのです。

第八章

般若波羅蜜多の力

故知般若波羅蜜多

是大神呪是大明呪是無上呪是無等等呪能除一切苦

ここで復習ですが……

宇宙の**フラクタル構造**に積極的に係わることを、**般若波羅蜜多**と呼称しました。人は**般若波羅蜜多**によって、**フラクタル構造**の次元を越えて、係わり合い、移動し、展開できる存在なのです。

さらに纏めれば……

般若波羅蜜多とは《世界観》を学ぶことであり、《世界観》の下で、人間と宇宙の関係を知ることであり、《世界観》の下で瞑想し生きることであります。

そこで本文に戻ります。

【第七章】では地上界の修行者も、天上界の修行者も、**般若波羅蜜多**によって覚醒するのでした。この章では、複数回出てくる「呪」を呪文と言い換え、真言と翻訳します。

それ故に**般若波羅蜜多**を正しく深く学びなさい。

般若波羅蜜多の《世界観》そのものが真言であり、呪文としての力を持っているのです。

大きな霊力を持っているのです。

偉大な明知の真言なのです。
これ以上のモノはない真言なのです。
他に比べるモノのない真言なのです。

般若波羅蜜多として説かれた《世界観》に基づいて、行をすれば、一切の苦を鎮めることができるのです。

【呪文は暗号である】

般若心経とは**般若波羅蜜多**を説いた経典です。その編纂において、《世界観》に基づいて、「宇宙と人間の関係」を、緻密な論理で極限にまで高密度に記述したものであります。それを一言で言えば、**般若波羅蜜多**でありますから、**般若波羅蜜多**を説いた般若心経そのものが、呪文として力を持っていることを説いているのです。従って**般若波羅蜜多**とは、《世界観》そのものであり、宇宙の構造と仕組みを著す呪文であり人間と宇宙の関係を示す呪文なのです。

般若波羅蜜多を説いた般若心経は《世界観》に基づいているからこそ、まさに時代を越えて保たれる論理性に満ちた暗号であり、霊力のある暗号であり、智慧に満ちた暗号であり、仏教を再生させる力のある暗号であると言えます。

そして**般若波羅蜜多**を著す呪文には積極的に**フラクタル共鳴**を生み出す力があるために、**般若波羅蜜多**の瞑想と行へと導かれ、それを実践することで一切の苦を鎮める力が与えられます。

ですから般若心経を唱えることで**般若波羅蜜多**の**フラクタル共鳴**の中に入ることができます。先ずは、そこから始めて習慣性にするのが良いと思います。

しかし極端に考えてはいけません。唱えただけで完全に苦を取り除くとか、苦を根本から解決するのではありません。もちろん、**般若波羅蜜多**を唱えただけで、救われるというモノではありません。

それは即ち、習慣的に唱えることで、心が**フラクタル共鳴**に至り、《世界観》を感じ取れるようになります。そして時が来て、瞑想と行を始めて【第七章】の方法論を実践することで、「空への帰還の道」を歩みはじめることになるでしょう。

般若波羅蜜多を唱え続けると、やがて人間の精神の内面的自由性、即ち《色》の自由性を阻害している障害に気づきはじめ「正しい苦しみの自覚」ができるようになります。その時になって初めて、積極的に自明行を実践できるようになり、やがて《色》の自由性を阻害している障害が取り除かれ、運命の困難から来る苦厄も取り除かれるまでになります。

【般若心経はこの現代において解読されるべく準備されていた】

般若心経は**般若波羅蜜多**を説いた暗号であり、その暗号は長い間解読はできなかったとしても、般若心経の中には、**般若波羅蜜多**の語句が六カ所も配置されています。

しかも、その基となる《世界観》は、論理の中に極限にまで圧縮されてちりばめられていて、そこには**〔基本三特質〕**が満ち満ちています。しかも**般若波羅蜜多**の語句は整然と配置されていて、**フラクタル共鳴**のエネルギーを発しつつ、存在し続けているのは明らかです。

それ故に般若心経は、常に**フラクタル共鳴**の強いベクトルを発し続けていたのです。その証拠が般若心経の持つ霊力です。

【特別の効能】

だからこそ、表面的には意味不明であっても、**般若波羅蜜多**を著す真言は、特別の霊力と知恵と比類の無い特別の効果を持っているのです。言い換えれば、般若心経は《世界観》に基づき、**〔基本三特質〕**を表し、宇宙の**フラクタル構造**を記述し**フラクタル共鳴**に至る方法を説いたものです。

それ故に、読む人がその意味を直接は理解できなくても、文字列や音声そのものが**フラクタル結合**しているために、そこに深い**フラクタル共鳴**を生じさせる力があるのです。**般若波羅蜜多**と唱えることが、既に**般若波羅蜜多**の「行」の一部なのです。そのことを知れば、この特別の効果は納得できるものであり、誰もそこに疑いは持たない筈です。

　このような際立った効果こそが、宇宙の**フラクタル構造**に**フラクタル共鳴**する真実を示しており、**般若波羅蜜多**は**フラクタル共鳴**そのものである証でもあるのです。

　ただしこの著者自身、般若心経を唱えたから何か奇跡的なことが起こった、というような体験は皆無です。著者として、ただ一つ言えることは、**フラクタル共鳴**の中にいれば、人生そのものが奇跡であると実感できることです。そして、ここであなた自身が今人生を振り返ってみれば、この書に導かれたこと、そのことが既に**般若波羅蜜多**の証ではないでしょうか。

　如何に意味不明であっても、般若心経を唱えるだけで、《世界観》から心の内面への働きかけがあります。人々は体験的にその効果を知り、その霊力は人々を魅了し、般若心経を特別の経典であると信じて大切に扱い、歴史の中を生き続けてきた奇跡の最大の理由なのではないでしょうか。

第九章

彼岸に渡る　そして未完成を知る

真実不虚故説般若波羅蜜多呪即説呪曰
羯諦羯諦波羅羯諦波羅僧羯諦菩提薩婆訶
般若心経

【般若心経を締めくくる】

般若心経はまだ続きます。

この【第九章】は般若心経の一番最後の締めくくりの章になっています。

真実不虚故から始まり、馴染みの般若心経の語句で終わります。

ここまで解読してきた内容から、著者と読者の間には「般若心経は歴史の中に封印され、その後一切明らかになっていないけれども、封印が解除されるその時に、すべてが明らかになるのだ」という共通理解ができている筈です。

【呪文を唱え続けて移行界を無事通過する】

さて真実不虚故とは、「【第八章】で説いた般若波羅蜜多の力は、真実であり嘘ではないから、それを受けて、これから【第九章】を説きましょう」ということになります。

「【第八章】で説いたことは真実である」は、特に問題はありませんが、「これは嘘ではない」とするのは多少不自然な表現とみえてしまいます。しかし、それが嘘と思う人がいるかも知れないほど、これは不思議なことなのだということなのでしょう。

そうして次の故説般若波羅蜜多呪　即説呪曰につながり、「般若波羅蜜多の力は、これが真実で決して嘘ではないが故に、ここに般若波羅蜜多呪をさらに説きますから、死後、彼岸に達するまで、それを唱えつづけなさい」という解釈になります。

ここで般若波羅蜜多呪とは、般若波羅蜜多そのものではなく、般若波羅蜜多「呪」であり、般若波羅蜜多を要約して、さらに短くした呪文のことです。

なぜそこまでして短い呪文が必要なのでしょうか。

それは死後、移行界を通過するときには、仏教において《超越的人格》を代表する観音様に帰依しつつ、一心不乱に呪文を唱え続ける必要があるために、難しい長文では唱え続けることが困難であり、単純化した呪文が必要である、という理由からです。

そして最後に、以下の般若波羅蜜多呪を唱えて般若心経は一旦終わります。即ち……

掲諦掲諦波羅掲諦波羅僧掲諦菩提薩婆訶

【死後の世界を敢えて語る】

彼岸に移行するには、一旦移行界という中間層を通過しなければなりません。そのことを《世界観》の中で位置づけておきます。移行界とはもちろん「空外の存在」です。

つまりそこは人間の潜在意識が創った事象の世界であり、玉石混淆の世界であり、彼岸に至る途中の世界なのです。ここで彼岸といえども、そこは「**空外**の世界」から出たわけではないのです。彼岸は既に「**空中**の世界」と密なる**フラクタル共鳴**の関係にありますから、**空中**と**空外**とが密に**フラクタル結合**している天上界の初期段階の世界といえます。ここは極楽とか、天国とか呼ばれる世界であります。

しかし極楽とか天国といえど、天上界の中ではまだまだ下層に過ぎません。

実は、**般若波羅蜜多**呪を唱えて観音様に導かれて、彼岸に達したとしても、それはそのまま自分の実力で達したのではありません。観音様の導きと呪文の力で、そこまで引っ張り上げて頂いたわけです。

ですから、一旦は彼岸に到達しても、次第に自分の実力の所まで降りていってしまいます。でも**般若波羅蜜多**呪を唱えれば、又そこに戻ることができます。つまり彼岸という自分の帰る所があって、その上での修行となりますから、それはそれは困難の少ない修行となります。夜に帰って、寝る家があっての日常なのか、家がないのかは、日中同じ仕事をしていてもそれは大きな違いでしょう。真実不虚です。

ところで観音様へ帰依の習慣ができていて、本書で説いた「想念切り離しの行」を徹底的に実践した人達は、この移行界をさほどの混乱なく越えることができます。想念を捕まえて、それを自分ではないと切り捨てる行が「想念切り離しの行」でした。あの苦労した「自明行」は、想念の衣を自らの意思で脱ぎ捨てる行だったわけです。

さて修行を積めば、涅槃から、さらに上位の、阿耨多羅三藐三菩提という霊的覚醒の世界、つまり《色》・《受想行識》・《諸法》による《生命活動》の根源の世界にまで出入りできるようになります。移行界も彼岸の世界も、紛れもなく地上界と同じように法によって創られた世界です。そして法によって管理された世界です。移行界は、地上界に生存中に潜在意識に蓄積した「想念の衣」を脱ぎ捨てるための、次元変換通路のような世界です。移行界は地上界と同じように、『現象と事象』から成る世界であり、般若波羅蜜多呪を唱えることで、次元変換通路を通過できるのです。

天上界へ到達するには、この羯諦羯諦の呪文に限ることではなく、般若波羅蜜多の「瞑想」と「行」により、自らの意志で堂々と通過することもできます。

ところで、地上界以外はそのまま「心の姿勢」が、直ちに事象と現象を創る世界ですから、思考と行動が常に一致している世界です。《人間の本質》である《色》・《受想行識》は、幾層にも重なっている受想行識の衣の中で、使わなくなった表面層の想念の衣を脱ぎ捨てて、身軽となります。さらにフラクタル共鳴にある受想行識の深層の貴重な体験は、《受想行識》の衣の一部に取り込んで《色》はさらに成長します。

《色》・《受想行識》は移行界を通過し、彼岸に到達し、さらに本来の「空中の世界」にまで帰還することができます。

即ち、移行界の次元変換通路を越えて、彼岸に至る道筋を説いたのが【第九章】です。

ここではそれを仏教に限定せずに、一般化して説いておきます。

地上界にいるときに、想念を切り離す修行体験を積むことにより、一気に移行界を通過できるのです。移行界を通過するためには、その想念の衣の一部を、移行界に残して後の修行に委ねます。この残された部分は、あくまで想念の衣であり、人間の実体ではないのですが、それは玉石混淆の想念のエネルギーであり、地上界からはしばしば「人格」を伴うように見えてしまうので、そこに人間がいると錯覚してしまいます。

想念に「実体は無い」とはいえ、この低級な偽人格に係わってしまうと、運命を振り回されてしまうだけのエネルギーはありますから、わざわざ係わらないに越したことはありません。真実不虚です。

【なぜ単純化が必要なのか】

羯諦羯諦の呪文は翻訳ではなく、玄奘三蔵がサンスクリット語を漢語に音写したものと言われています。

そのサンスクリット語原典で「羯諦羯諦……」の部分を吟味してみましょう。

「往くことよ往くことよ、彼岸に往くことよ、彼岸に完全に往くことよ、目覚めに幸あれ」（文献一）

「行った行った彼岸に行った。彼岸へ完全に行き着いた。悟りよ、幸いあれ！」（文献二）となります。

【第八章】までは地上界にいて、涅槃に到達する道を説いて、【第九章】では誰もが体験する死という場面に臨んで、無事に彼岸に行き着く方法を説いたのです。

地上界の話としては、既に【第七章】で菩提薩埵依**般若波羅蜜多**故心無罣礙無罣礙故無有恐怖遠離一切顚倒夢想究竟涅槃として、涅槃に至る呪文を、きれいに整理して説いていますが、そしてこれを移行時に唱えてもよいのですが、敢えて移行界を越えるためだけに、単純化して、唱えやすくした呪文を用意する必要性があったということになります。

もちろん地上界において強烈な想念の来襲があったときには、羯諦羯諦……と唱えても効果があります。更に言えば、このような効果を持つ呪文は、他の経典にもありますから、これに限るモノではありません。

【大本から読める歓喜の状況】

最後に小本にはない「大本・般若心経」における感動的な物語の一場面を紹介しておきます。

仏陀を中心に、瞑想の場に列席していた一同は、観音様が説いた壮大な《世界観》と、永遠の命を持つ《生命観》に触れたことで、心から感動し、これを歓喜をもって受け入れたとする壮大な物語なのです。般若心経の舞台の中では、**般若波羅蜜多**そのもので在られる仏陀は「観音様の悟りはご自身の悟りによる見解と完全に合致する」と語られ、これを承認したのです。

瞑想の場に列席していた全ての人々の感涙と、わき上がる歓喜に満ちたこの場の雰囲気は、時を越えて現代にまでそのまま伝わってくるようでさえあります。これはまさに二千年前の物語のイメージと、時空を越えた現代との**フラクタル共鳴**なのです。

そして私達現代人も、今ここに約束の時が到来して、解読された般若心経に触れさえすれば、心底感動せずにはいられない、すばらしい真理の展開と内容です。つまり、この舞台設定は現代の今の状況の比喩であり、決して意味のない架空の設定ではないのです。

ここで説かれた《世界観》と《生命観》に触れてみて、初めて分かることは、般若心経とはまさに「人間讃歌」そのものであったという真実です。般若心経の真実を知った私達は、いま歓喜の宴の中にあり、これは現実のものです。ここに描かれた歓喜の様子は、まさに現代の私達のことであり、心からの感謝にたえません。

これこそが混乱した仏教の再生を願い、新たに興した大乗仏教の真髄を纏めた般若心経なのです。

【仏陀の名の下で仏教再生がなされ末法の世は終焉する】

仏陀が生きた時代はいうまでもなく、録音や録画の技術のない時代ですから、創始者である仏陀が、自ら説いた教えが次第にゆがめられて、いずれ末法の世に至ることは、当然のこととして預言されていました。

そして今、般若心経の解読により、この現代において仏教再生が現実のモノとなりました。

これから先は、各宗派が自らの意思で、ここに示された《世界観》を、仏陀の名の下に、全面的に取り入れて、自らの教義を再構成することができます。そうすることで他宗派との関係性も明らかになり、宗派間の教義の上の対立も解消し、他宗教との関係も明らかになり、仏教全体が世界の思想として矛盾なく理解できるようになります。

このとき二千年ぶりに、仏陀の名の下に、仏教再生が完了して、末法の世は完全に終焉することになったのです。

そして本書を振り返れば、この時のために、この経典を「仏説」としたことに、深い意味があったことが理解できるのです。即ち、般若心経の編纂者は深い瞑想によって、天上界の仏陀と一体になり、そこで仏陀の意思を受け取り、仏陀の指導で体得した真理を仏陀の下で、観音様の悟りを通して語って頂き、それを般若心経として記述しているのです。これは真理の表現の「役割分担」であり、ここには大きな宇宙的計らいがあると考えられます。このように、時間を超えて成される宇宙的な計画は、私の体験からも、十分にあり得ることなのです。

編纂者が自らの役割に徹して、自らの名を語らないその事実こそ、無言の中に多くのことを現代に向けて語っていて、般若心経の編纂者が真の覚者であることを最も良く示していると言えます。

これが自らの名を伏せてまで説いた般若心経の編纂者の一貫した立場であります。

それ故に著者においても、その一貫した編纂者の主旨に従い、この書を著しています。

このように宇宙の《生命活動》においては、過去・現在・未来に亘る**フラクタル共鳴**の中で、天命という「役割分担」を、それぞれがそれぞれの立場で、何世代もかけて支え合いながら成就していくのです。その**フラクタル共鳴**の一角に、この著者も「役割分担」していると言えるのです。

■一番最後に最重要メッセージが隠されていた

さて般若心経の解読はこれで終わったかに見えますが、最後の最後に、まだ「般若心経」との記述が残っていて、未だ解釈していません。

これを説明しないで般若心経の解釈を終わるわけにはいかないのです。

ここでの重大な真実は、**般若波羅蜜多**心経の「波羅蜜多」の四文字を省略して般若心経となり、この経典の名前として有名になったのでした。

著者は最近、般若心経が説かれたことは、宇宙的な出来事であったと考えています。地球のその時代が、その地域が、たまたま初期仏教だったのであって、この仏教再生の理論は、他の宗教再生にもそのまま通じるように意図的に説かれています。さらには真理は一つであることから、般若心経は宇宙のどこの惑星の人類にも通じるように、それほどに普遍的に説かれているのです。

仏教には世界観は無いといわれています。世界の宗教をみてもこれほどの普遍的な世界観は見当たりません。現代用語で説かれた般若心経の《世界観》こそ、世界の宗教を同時に再生して成り立たせることができる《世界観》と言えます。もし、独善的になっても良いということでなら、《世界観》がなくても宗教は成立します。しかし現代から未来に関しては、この《世界観》がなければ宗教間の対立のみ目立ち、世界の恒久平和に逆行してしまいます。

ですから般若心経は、すべての宗教を包含するように説かれたと言えるのです。そして当時の時代と地域が限定された環境で、全地球的、或いは全宇宙的真理を説いたのが、般若心経なのだと思われます。

ここまで本書を理解した読者であれば、ここに隠された全宇宙的な意味を、十分に理解できるのではないでしょうか。

当時の般若心経の編纂者は、宇宙の経綸の中にある地球の霊的ステージが、分散から統合へ、対立から調和への流れを迎える時に備え、自ら体得した究極の真理を、初期仏教を背景として説き、それを必要とする時代が到来するまで、封印する道を選択したものと推察できます。般若心経の名称の由来は、長い間謎のままでしたが、本書文頭で示したように「波羅蜜多」という最重要な四文字を削除することによって、般若「・・・」心経はまだ未完成であることを現代に伝えている、と解釈するのが適切であろうと考えられます。そして般若心経の封印が解かれるときに「未完成の部分を補い、補足して公表せよ」と示唆していると思われてくるのです。その時に般若心経は文字通り【仏説摩訶**般若波羅蜜多**心経】となるのです。

【般若心経は現代において完成する】

ここで未完成の部分は二つあると考えられます。

その一つは、このような凝縮された内容だけでは、一般の人が**般若波羅蜜多**の行を理解することは不可能であり、もっと詳細な説明が必要だと思われることです。しかしそれは当然のことであり、この限られた字数内で詳しく説けるはずはありません。これが未完成の最初の一つの理由です。

もう一つは、般若心経の終わり方が不自然に思えることです。それはとても気になる終わり方をしています。般若心経では、「登る道（往相）」を辿って涅槃に至った後に、彼岸に行く道までが説かれていますが、実はここに「降りる道（還相）」が抜けていて、彼岸にいってしまう前に現実世界に降りてきて、衆生救済をするという修行の行程が抜けているのです。

現代においては個人の救われだけではなく、人類としての救われ、即ち人類の恒久平和の実現という大きな課題があるはずなのです。しかしながらよく考えてみれば、それは現代社会に直接係わらなければ分からないことであります。二千年前にそれを具体的に説くことは不可能であるからこそ、封印が解かれるときに、般若心経の世界観に立ち、それを説かなければならないとの考え方が生まれ、その通りに計画されたと推察できます。そして般若心経として最重要の四文字を削除して、未完成であることを明示しておいたと解釈できるのです。

そしてこれが**般若波羅蜜多**を体得した編纂者による、現代に向けて発したメッセージであると思えてくるのです。

そこでこの未完成の部分は、封印を解いた**般若波羅蜜多**の行の実践者である著者が、**般若波羅蜜多**に共鳴して、心を込めて、**般若波羅蜜多**の行の詳細を、本文の【第六章】【第七章】の中に「自明行」

を主として追加記述しました。

さらには、玄奘三蔵の主旨である「本来性の立場」「現実性の立場」の使い分けについて、具体的に本文中に追加しました。

その意欲のある人であれば、これを頼りに**般若波羅蜜多**の行を実践できる筈です。


さらに「降りる道」に関しては、著者が**般若波羅蜜多**に共鳴して、心を込めて、【完成の章】を最後に追加しました。ここでは従来の初期仏教を、般若心経の《世界観》に取り込んで仏教再生ができたように、世界の宗教を同じように般若心経の《世界観》の中に位置づけ直し、同じ手法で世界の宗教再生までを説くことによって、完成形とします。

過去にどの宗教においても、決して体系的には説かれなかった世界の恒久平和のための「個と全体の調和の道」を、基本に絞って示し、未完成の部分を補うこととします。

ここまでで、般若心経は十分に解読できているので、ここまでの解釈だけで十分であり、これをわざわざ未完成として、これにさらに、追加する必要はないと思われる方も多数おられるはずです。

そこで、これから先に読み進むには、日頃から「個と全体の調和の道」に強い関心と、問題意識が必要であり、それがないと、たちまち常識が揺さぶられ、拒否反応さえ持たれる方も多数出てきてしまいます。そのような方は、一旦ここまでで終了して下さい。

何事も時機が来て読まないと、深い真意が理解できないものです。いずれ時機が来たと思われるときに、以下の「完成の章」まで読み進んで頂きたいと思います。

この書では、途中に何度か関所を設けています。読者におかれては、理解の深まりと、その時機に応じて、次に進むように、一生をかけてこの書を読破して下さい。

完成の章

現代社会への対応

■歴史的必然の中で普遍性を説く

【恒久平和にとって必要な普遍性の実践】

「完成の章」の最初に、人類の未来にとって必須となる普遍性の展開について説くことにします。世界を考え、未来を考えるとき、これまであまり重要視されてこなかった普遍性が、特に重要な基本三特質になります。そこで、般若心経における「不欠不満」の、より実践的な意味を私自身の体験を通して、もう少し詳しく語ることにします。

二十代中頃の私は、学術研究者としての道を歩みながらも、五井昌久氏のところで真理を学びつつ、その途中で守護の神霊からの指導が始まり、「すべては神の愛の導きの中に有る」という、普遍性と全肯定の大原理を学びました。それは今の般若心経で言えば「不欠不満」と五蘊皆空の教えです。普遍性を追求し、全肯定の道を突き進む私から見れば、五井先生の教えは「本来性の立場」へ至るまでの「現実性の立場」として、普遍性の中に矛盾なく位置づけられるのですが、一方、手段を唯一とする「消えてゆく姿」の立場からは、対立のように見られてしまい、なかなか理解されませんでした。

既に普遍性を確立しつつあり、全肯定の教えを体得していた私は、今更普遍性を捨てて、全肯定の教えを否定することはあり得ない選択であり、その当然の帰結として、私は五井先生の下を去ることになりました。

この出来事から、以後私は私独自の普遍性の展開と、全肯定の世界を追求し、そこに至る道の開拓を始めます。

ところが、私が去った二年後（1980年8月17日）に突然、五井先生が亡くなられ、その直後、五百キロも離れた私のところに五井先生が光に包まれて復活され、私に直接「あなたは私の後継者である」と、師の跡継ぎを言い渡されます。私は大いに戸惑いますが、既に普遍性の追求と全肯定に至る自明行を纏めていた私は、今更、自分も周囲も納得しないであろう組織の跡継ぎはまったく非現実的な事であると判断せざるを得ませんでした。

そこで私は、強烈なベクトルの五井先生からの伝言を、意志力を込めて断ち切り、長期間それを封印し続け、その後も完全に単独で修行を継続し、私独自の世界を創り上げていきます。

やがて、三十数年の時が経ち、般若心経の解読を始めるにあたり、五井先生に向かって祈りの中で、応援してほしいとの私の気持ちを伝えました。今考えれば私の解釈は五井先生の解釈と異なるので、五井先生に逆らうことになりかねないのですが・・・。

そうすると、五井先生からは、無言で私の背中を「ポン」と押して下さったことを私は確かに感じ取りました。そして、それをきっかけに、以後迷いなく一気に般若心経の解読が進展していったのでした。

その後、この般若心経の解読が契機となって、1970年に守護の神霊から受けていて、そのままになっていた、あの謎に満ちた天命の啓示の内容が次々と明らかになっていきます。そしてその帰結として、長く封印してきた、あの五井先生からの後継者の指名について、「五井先生の天命を私が引き継ぐ」という合理的な理解に至り、遂に封印を解き、私はあのときの、あの五井先生からの跡継ぎの指令を正式にお受けすることにしたのです。

振り返れば、五井先生の「消えてゆく姿」とは、「現実性の立場」での、事象の処理の仕方であり、それは般若心経では「無」であり、「心無罣礙」であり、私はそれを「ベクトル昇華」として処理していました。実はどの処理方法であれ、それらの差異を強調することに特別の意味はなく、ここで問題とすべきは、ひとえにその処理以前の段階の、「一次的事象の苦」を如何に発見するか、それだけが重要で有ることに気づかなければなりません。それを発見しなければ、処理はできないのです。

包丁とまな板があっても、食材を目の前に置かなければ料理はできないのです。

自明行の川を渡るために、とても困難な作業である「一次的事象の苦」を苦として発見して、それを自覚すること。つまり、ここでは「正しい苦しみの自覚」だけが最も重要で、それに続く処理方法は、これを自覚した後の付随的問題であり、この発見と自覚がなければ何事も始まらないのは明白です。そしてこの真実を見失うと、事の本質を見失います。

このように、五井先生との間に横たわる幾つかの課題を抱えたままで、私は五井先生の天命を正式に引き継いだのです。

前述のように、引き継いだ時点では、私は既に普遍性と自明行を確立していましたから、最も重要な「二次的事象の苦」を発見する方法として自明行を前面に出していました。

【業績は発展的に引き継がれる】

般若心経は全肯定に至るための**五蘊皆空**の教えですから、この全肯定の理論でなければ解読できません。普遍性と全肯定を説いた私だから般若心経を解読できたのです。

五井先生も般若心経の解読に挑戦されていますが、「消えてゆく姿」だけなので、部分の解釈に終わっています。ですから、部分の意味は真理に合致していますが、経典の解釈としては、再定義に気づいていないために、論理構成上の大きな矛盾を発生しています。

私は長らく科学技術の世界にいましたから、先人の業績を引き継いで、新しい道を切り開いていくのは当然のことであり、先人の業績の中に無視はできない改善すべき課題を発見し、そこを改良して、次の展開をしていくことは当然のことと考えています。

そのことが先人の業績を否定したことには一切なりませんし、そのことを先人は必ず喜んでいてくれると確信しています。この、業績を積み上げて、改善していくという、科学技術の世界ではあまりに当然のことを、いっときも早く、真理を求める求道者間でも、さらには宗教間でも、当然のこととなるように、私は心から願っています。

私にとっては、五井先生から頂いたベースがあって、その上に一つ業績を積み上げたのです。特に本書では、十二縁起と四諦の解釈に、五井先生の教えの根本を大きく反映させました。それは即ち、仏教の長い歴史の中で、因縁が、如何に人々を負のスパイラルに引きずり込んで、苦しめてきたことか。体を張ってまで、この負のスパイラルから人々を解放しようとする、五井先生の全生涯をかけた強い主張とその行動をここに反映しました。

師であった五井先生は私のこの新しい展開を心から喜んで下さっていることを、私は知っています。覚者であられた五井先生が後継者を指名するに当たり、唯一の手段としての「消えてゆく姿」の教えを忠実に語る人にではなく、それを発展展開する人に指名したというところに、私が実践を通して示し続けた普遍性こそが、未来を創る原理であるとの、宇宙的な意味があると理解すべきです。

そしてさらに、このような体験は、玄奘三蔵との間にもありました。それは数年前、「暗号は解読された般若心経・改定版」を書いていた頃のことです。私は玄奘三蔵訳の般若心経を大きく変更して、新たな展開をしたことについて、玄奘三蔵は涙を流して「そうだ、そうだ、本当にその通りだ」と肯定してくださり、心底喜んで下さっている姿が、数ケ月以上の長い期間に亘って、ずっと私に付き添っていたのでした。それは正に時間空間を超越したフラクタル共鳴を体感したときでした。

このことは強く強く私の心に映っていて、般若心経の解読の方向性に対する確信と、この解読作業に対して、揺るぎない勇気を与えて貰いました。千数百年の時を超えて、このようなことが起こることに私は感動し、心から感謝していました。

先人の業績の上に、後の世代が、さらに業績を積み上げていく。ここにこそ人類の歴史の重みがあるのです。

ただし、真理の道においては、誰もがこのような業績の積み上げができるわけではなく、それが出来るのは「自明行の川」を渡って、涅槃に到達した人でなければなりません。

そうでなければ、ゴミの積み上げにしかならず、ただただ混乱の原因を創るだけとなるのです。

【般若心経の解読は時代が要請した】

誰も解読できないでいた状況では、複雑で難解と思われていた般若心経ですが、ここに解読され、封印が解けてみれば、全く無駄のない見事なまでに緻密な構成でありました。その《世界観》は単純明快であり、極限にまで整理された内容であり、決して複雑怪奇な経典ではありませんでした。ここに封印が解かれた般若心経を受け入れれば、殆ど、統一的な理解が不可能であった仏教界に一気に血が通い、完全に息を吹き返すことになるでしょう。

般若心経の最も基本は、「人間の本質」は「宇宙の本質」であり、「宇宙の本質」は「人間の本質」

であること。そしてそれは即ち、「人間の本質」は「超人格」であり、「宇宙の本質」は「超実体」であって、同時に《超人格》である、との意味にまで拡張されます。つまりここに、「実体が無い空」とは正反対の世界が描かれていることが明らかになったのです。人間の存在とは、これほどの存在であるという、究極の真理がここに説かれているのです。

さて著者は、仏教再生のみを目的とするのではなくこの最後の章を費やして、歴史上の全宗教に対して、全哲学に対して、そして人類の未来に関して、般若心経が現代にどのように生かされるべきかについて、紙面の制約の中で可能な限り説明し、未完成の部分を埋めることにしました。般若心経の《世界観》こそ、人類にとって待ちに待った真理であり、過去・現在・未来に亘って**フラクタル共鳴**を生み出すことができる真理です。そして、これがあれば世界の恒久平和が見えてきます。私の修行体験から、般若心経に追加したいことは、《世界観》を知ってそれを現実世界に下ろしてくるプロセスを確立することです。

般若心経が編纂された時代は、そのような世界を考える必要性はない時代だったのだと思われます。そして、この現代に般若心経の封印が解かれたことは、現代こそ般若心経を必要とする時代だからなのだと思われます。そのためには、個と全体の調和について、説くことが求められているのだと思います。即ち、個の救われを説く宗教では、決して触れられない全体の救われの論理について、説かなければならないと考えています。

そしてここで全体とは、個の集合としての、社会であり、国家であり、特に今は人類であります。

【封印が解かれ現代に蘇った理由】

現代には行き詰まり感が蔓延していて、人類の未来が不透明です。この大きな壁を突破するには、これまでの行動原理では無理があり、新しい行動原理が潜在的に求められているのです。人類は今、大きなパラダイムシフトを待っているのです。それを与えるのが般若心経です。

今、封印が解かれた般若心経には、その《世界観》から導かれる世界の恒久平和を導く方法論と、人類の未来の新秩序への、確かな方向性を示す原理が秘められています。そして、その原理を読み解いて解釈して現実的に示すのが、著者の使命と思って執筆を進めました。

【現実から逃げないで現実を注視せよ】

般若心経は、《色》・《受想行識》に由来する人間の究極の姿を説いてきましたが、その般若心経が同時に、**色・受想行識**に由来する人間の持つ避けられない「負の側面」をも、キッチリと説いているのです。

「人間の本質」を「宇宙の本質」と言い切った大真理を心の中心に置いて、《色》に帰依しつつ、しかも**色**の持つ「負の側面」から逃れられないこの現実を受け入れて、人間は生きていくことになるのです。言い換えれば《色》と色を同時に説いた《世界観》とは、性善説と性悪説が一人の人間の中に同時に存在するようなモノです。人々の集団もこれと同じです。従って、《色》のみでは生きられない色の現実を抱えて自分の人生を築き、人間関係を創り、社会を創り、国家を創り、人類社会を創っていかなければならないのです。

人間が創る秩序において、《色》に覚醒しても色を無視できない以上、《色》のみで秩序を創ることも、もちろん色のみで創ることも不可能です。

色に由来する人間の持つ「負の側面」を、如何にして切り離すかという課題は、個としては一生の課題であり、社会「全体」としては永遠の課題です。

さてそうすると、現代の常識という決まり切った見解はありませんが、この般若心経の《世界観》から導かれる価値観は常識とは大いに違ってきます。

先ず、色即是空、空即是色からは、常識以上に究極的に理想主義的な所と、その《色》が常に「色」を抱えて、動物性とは切り離せないとの観点から、常識よりももっと、現実的にならなければいけないという、二面が出てくることになります。そのために今後は、二面性が強調されて、価値観を構築していかなければならなくなります。そしてそれは確かに、これまでの私達の常識を越えるに違いないのです。そうだったのか、と歓喜の声を上げるかも知れません。立ちすくんでしまって、戸惑うかも知れません。

《世界観》が変わるとはそういうことなのです。《世界観》が変わることで、自らの価値観が影響を受けることを覚悟しなければなりません。
ですから、それを受け入れるためには、先ずその準備をしなければなりません。

【一度立ち止まって、心を鎮め、深く内観せよ】

般若心経の解読によって、ここに新たな《世界観》が示されたことの意味は重大です。この《世界観》を受け入れるということは、これまで頼っていた古い世界観を破棄して、総入れ替えをしなければならないことを意味するのです。そのためにはじっくりと理解を深めて、十分な時間をかけなければなりません。

《世界観》に基づいて、今後、大きな展開があるので、これまでの内容に不消化や理解不足があると、先の展開に理解がついてこれず、本書を否定してしまうという危険があります。「豚に真珠」となることは避けなければなりません。ちなみに、「豚に真珠」は「猫に小判」とは意味が異なります。

マタイ伝・第七章六節
聖なるものを犬にやるな。また真珠を豚に投げてやるな。恐らく彼らはそれを足で踏みつけ、向きなおって、あなた方にかみついてくるであろう。

http://web1.kcn.jp/tombo/v2/MATTHEW07.html

そこで、この【完成の章】は、無理して読み進まずに、一休みして、頭の中を整理してください。そのために一旦中止して、何ヶ月か、何年か後に又先を読んでみてください。

さらに、これから始まる著者による具体的な未来の行動原理に関しての文章表現は、決して完璧ではありません。それは即ち、著者による表現は、そこに欠損があるわけではないが、これで完全に満たされているわけではないのです。

それを知った上で、これ以上先に読み進むためには、今ここに、人類の前に初めて示されたこの《世界観》に対して、傲慢な姿勢にならないように、謙虚さを取り戻して、真理を頂くための心の姿勢を整える儀式が必要です。

「急がば回れ」です。理解を確実なものとするために、そして真理をねじ曲げたり、否定するという、天に唾する大罪を犯さないために、「真理に対する確認の儀式」として、ここしばらく、内観を深め、祈りと自明行の日々を送りましょう。

ここで「不欠不満」に変更された般若心経を唱えることが、**般若波羅蜜多**の祈りそのものですから、祈り込んで、祈りを蓄積すれば、心の住む世界が変わります。般若心経の一部だけ唱えても良く、さらには「**般若波羅密多**」の語句のみを連続して唱えることでも良いのです。

「真理に対する確認の儀式」

儀式を無事通過したとして、次に進みます。

これ以降は、特に我々の常識や価値観に大きな変更を余儀なくされるところにも触れなければなりません。人類の恒久平和を実現するためには、どうしても通らなければならない関門です。

■「平等の原理」と「不平等の原理」

【不平等を追究する】

既に述べたように人間は「平等の原理」と「不平等の原理」という、この相矛盾する二つの原理を常に意識して使い分けなければならないのでした。

先ず宇宙の原理原則として、つまり宇宙の《生命活動》として、すべてが「均一」ではなく「まだら」になろうとします。《生命活動》は「平等」ではなく、不平等になろうとするのです。強いて言えば平等とは、無限にある要素の中の一つだけに着目して、同じとすることに過ぎません。或いは、現実には違うけれども、「本来性の立場」からみれば、平等である可能性を有する、ということでしょう。ですから、平等と不平等は正反対の語句ではなく、平等は不平等の中の特殊な一断面に、一瞬だけ存在することがある、と言えるのです。或いは、遠い未来に、そうなれるという点で、等しい可能性を持つというときに、平等という語句を遣うことがあるのです。或いは、人間の知恵で社会生活上のルールを創る場合、或る条件のみ同一とするときに、それを平等という語句で表現するのです。

宇宙は不均一が本質であるとすると、宇宙には平等というものは存在しないのだから、平等をうまく語れないのです。そこで本書では、不平等の意味を追究することとし、平等の意味を深く追究はしません。

人は修行の経験値が皆異なるために、その精神性の深さにおいて皆異なります。そしてその「異なること」に、つまり不平等にこそ、宇宙的意味があるのです。

ここで空に由来する、覚醒の度合いを霊性と表現することにします。そうすれば、その人の霊性を示すフラクタル共鳴の深化の度合いは、人それぞれ異なることになります。霊性が高いということは、色の支配から解放されていて、《色》の立場からの発想ができることを意味します。ですから、人間には霊性の違いがあることを宇宙の原理原則と認めれば、言論の自由はあって良いけれども、その発言の重さは皆異なることを意味するのです。

【霊性の多様性・多層性】

霊性とは、《世界観》を如何に体現しているかで決まります。言葉で理解していてもそれは違います。自らの人生体験として、般若波羅蜜多を如何に体現しているかです。その中には当然、この現実世界に対する体現も入ります。それは現実を生きる上では最も重要なことです。その現実の体現から空の体現に至るまで、かなりの多層構造宇宙について、どれだけ体現しているかが宇宙における霊性の位置です。

体現者には様々あってジェネラリスト・スペシャリストの区別もあるし、空の奥深くの体現者もいるし、諸法に詳しい体現者もいるし、現実社会に特化した体現者もいることになります。

霊性はフラクタル共鳴の深さを意味しますが、般若波羅蜜多は宇宙全体のフラクタル共鳴を意味しますから、目先の力や部分の力ではありません。

どちらが宇宙なのかという点で答えは既に出ているのです。

従って霊性といえど、その分類は多岐に亘り、その詳細を人間が知ることはできません。ここでは人間の評価とは全く別に、霊性という絶対尺度が既にあって、《生命活動》は展開し続けているということのみ、ここに記述して先に進みます。

このことから、空に等しい《色》の覚醒度の違いによって、その霊性に歴然とした差が生まれ、さらに個性の違いが出て様々な階層が生まれてくることが理解できます。しかも人それぞれ天命も異なり、《生命活動》は多面的に多様的に分布して展開していきます。

一方、集団としてみても「集団の精神性」とも言うべき「集団の霊性」は、個人の霊性と同じように一様にではなく、多層的に多様的に多面的に分布しているという事実を認めなければなりません。

即ち、個人においても、集団においても、霊性において、決して平等ではなく不平等なのであり、それが現実に正しく反映されない限り、真の世界の恒久平和はないのです。

ところで、「もっと単純に言って、人間は皆平等なのか、それとも不平等なのか」と問われれば、「平等」をうまく定義できないけれども、以下のように言えると思います。

即ち、「《色》を本質とする意味では、その可能性において人間は皆平等であるし、現実的には、実際にその《色》が「色」を抱えていて、どれだけフラクタル共鳴をしていて、どれだけ覚醒しているか、という点では皆不平等である」ということになります。

【秩序の理念が文化を創る】

ところで集団の霊性は、その秩序の理念に基礎をおきます。

たとえ理念という言葉を知らない人であっても、人は理念に生きる生きものです。人が所属する秩序の理念こそが、人間が生きる精神的環境となるのです。その秩序の中で霊性が育ち、それが生活にまで浸透して、やがて文化を創ることになります。この文化は多様的に多層的に分布することになり、近未来には、それらが衝突せずに共存できる環境を創らなければなりません。

霊性は多様的に多層的に分布しているのでした。さらに、それぞれが異なる**フラクタル深度**を持ちます。深度の違いがあることから、誰もが、どの集団も一気に《世界観》と普遍の真理を理解することはあり得ないのです。しかしそれを受け入れようと、受け入れまいと根底から全てを統合しているのが《世界観》です。それを認めようと、認めまいと実質的に《世界観》は人類を統合している価値体系なのです。

そこで時代は深化していきますから、いつまでも独善を捨てきれない宗教において、その宗教の持つ霊性は低いモノとなります。

【霊性の違いと立場の違い】

ここで世界の恒久平和のために、どうしても述べておかなければならないことがあります。それは霊性の違いと立場の違いのことです。霊性の違いと立場の違いは、宇宙の多層構造の中で「不平等の原理」に従うことになります。その扱いに関して、これは現代の常識と一部異なることがあるので、よく吟味し慎重に扱うべき内容です。

現実社会での「立場の確立」と霊性に基づく「不平等の原理」とは、最終的には一致する方向に進展しますが、一般には一致しません。表向きには、現実社会の「立場の確立」が表に出ますが、内面的には霊性に基づく「不平等の原理」が常に背景にあって、二重構造になって《生命活動》は進展していきます。

色に支配されている人は、自らを大きく見せようとして背伸びをしたり、はったりをかますような振る舞いをして自らの優位な立場を確保しようとするものです。これでは「俺の方が上だ」と言いたくて直ぐにマウンティングしようとするのは、色の動物性丸出しの弱肉強食の世界が展開するだけなのです。

しかし一方、お互いの色がそれぞれの《色》に帰依して、《色》に主導されていれば、既に宇宙の中で互いの霊性は決まっていて、霊性による立場も決まっていることを知っていますから、敢えて目の前の立場を争うようなことはしません。一時、相手の望む立場にいることもあるし、もちろん重要な場面では、相手の作為による逆転した立場は、キッパリと遮断し拒否し、距離をとることもあります。

自然体で相手に接していれば、その切り替えは自由自在であり、そこに作為を必要としません。

このように記述すればなかなか複雑で難しいように思う人がいるかもしれませんが、まさにここが「じねんの論理」の真骨頂であり、般若波羅蜜多の瞑想と行の中で、無作為の中で、「じねん」の中に作為なく行動できるのです。

互いに、色が《色》に帰依して、《色》に主導されている状態を確認していれば、いかなる交渉も解決の方向に向かいます。

そのためには、個人も集団も、自らの霊性にふさわしい「立場の確立」をしなければなりません。「立場の確立」とは、《世界観》の中で自らの立場を正しく適切に位置づけをするという意味になります。

日本の文化には、この「立場の確立」の原型が存在していて、日本人にはよく理解できる筈であり、これを世界に広げる必要があります。それ故に人と人との出会いにおいては、そして集団と集団との出会いにおいても、互いに相手の霊性を尊重しなければなりません。そして、同時に互いの天命という《生命活動》における「役割分担」を尊重しなければなりません。個人も集団も一様に等しいのではなく、皆それぞれ天命も霊性も異なる、ということを前提にしなければなりません。

【既に不平等が成立している事実を認めることからスタートする】

日常の場面においては意識せずとも、特に重要な場面においては「平等の原理」ではなく、「不平等の原理」が既に成立しています。そのことを確認しましょう。

生活の中では「平等の原理」から初めても良いのですが、組織活動のような場合は、はじめから合意の上でその組織のルールとして、霊性や天命の違いを形の上に表現し、不平等に扱うことも必要なことです。しかし、もしそこに強制がなくても、秩序は自然にそのように不平等になっていきます。つまり役割と立場によって階層化していきます。この形は**フラクタル共鳴**の状態を形に表現したモノであり、この方がお互いにとって《生命活動》が最も円滑に進展させることができるのです。このように平等を原則とする現代においても、不平等は「役割分担」と「立場の確立」として、現実の社会の中に存在している事実を知り、先ずそれを肯定し認めることから始めましょう。

「不平等の原理」は、低い立場から高い立場に対して実践することで「じねんの論理」がうまく流れ出します。通常、現実的には「平等の原理」で行動していても、殆ど問題になることはないのです。日常生活では、ことさら「不平等の原理」を強調する必要はなく、今まで通り文化の慣習に従うことで良いのだと言えます。

しかしながら、人生の中で、これは頻繁にあることではないのですが、滅多にない究極の場面こそ重要な場面であり、その時に《世界観》にまで戻って「平等の原理」を離れ、「不平等の原理」に戻らなければならない場面があるのです。

以下、その究極の場面の対応を示すことで《世界観》を、より具体的に理解していただきたいと思います。以下に示す例は、究極の場面だけに、誤解がないように著者も慎重に記述しますが、読者におかれても勝手に拡大解釈や極端な解釈をしないように是非お願いしたいところです。

【立場が確立しないとどうなるか】

現実社会は「平等の原理」が建前で動いていますが、本来は「不平等の原理」の中に存在しているので、そこにもし行き過ぎた平等や逆転した不平等が発生すると、大変危険な状況になります。そこでは《生命活動》は大きく停滞してしまいます。そのような時に、「平等の原理」では必要がなかった霊性という概念を取り入れて、正しく「不平等の原理」を展開させることが必要になります。

人と人との出会い、集団と集団との出会いは《生命活動》にとって、とても意味のあることなのですが、霊性の違いを無視してしまうと、そこに重大な軋轢が発生してしまいます。ですから、重要場面ではお互いの現実の立場の違いや霊性の違いを無視してはならないのです。

「平等の原理」から言えば……いくら人間は皆、平等だといっても、人が人を支配することは現実の社会では避けられないことです。それは「平等の原理」からみれば、大いなる矛盾なのです。しかし《世界観》に立てば、高い霊性の人が大きな力を持ち、人々に影響を及ぼすことは**フラクタル共鳴**を発生させ、間違いなく《生命活動》を進展させます。

ところで、いちいち「誰より誰の方が霊性が高い」というような評価はせずに、それは人間にはわからないこととして、常に相手の《色》を見つめていれば、それだけで十分霊性を尊重していることになり、**フラクタル共鳴**を発生させます。「いちいち自他の霊性を評価しなくて良いし、してはならない」ということは特に重要です。心の曇りをとってみれば相手の霊性の高さは本当は見えているのです。

つまり「不平等の原理」を実践するには、敢えて互いの上下を決めずに「互いに不平等を含む幅のある平等の関係」として捉えればよいのです。霊性とは人間の評価に関係なく、既に宇宙の中で決まっていることなのですから。

互いの霊性や現実の立場を尊重し、**フラクタル共鳴**が適切になされる関係をこそ、求めるべきなのです。そこに誤解があると**フラクタル共鳴**は乱れて軋轢を生じます。

霊性の低い側が心が曇っているために、自分の方が霊性が高いと誤解をして、立場が逆転して行動すると、明らかに霊性の違いを無視してしまうことになり、たとえ霊性の低い側に相手を妨害しているとの自覚がなくても、結果として高い側の天命を妨害し、自らは**ベクトル反共鳴**を発生してしまいます。つまり罪を作ることになってしまいます。

このように深度の違いが大きすぎて、軋轢が大きくなり、深度の低い側が高い側の《生命活動》を妨害している状態を、ここでは**ベクトル反共鳴**と呼称するのでした。

以下は**ベクトル反共鳴**による軋轢の一例で、比喩でもあるのですが……

山の中で熊と出会って熊に人間が襲われそうになっているようなものです。熊と人間とは日頃から距離を置いておくべきものなのです。用もないのに、むやみに山に立ち入らないことと、熊の生息する山に入る限りには、いざという時のための準備をして入るべきです。しかし熊というだけで殺してはいけないし、反対に理想に燃えて、直ぐに熊と仲良くしようとしても、深度のギャップが大きすぎて、それは危険なのです。

もし熊が人里に出てきてしまったら、山に追い返すことができれば良いですが、もし人に危害を与えそうだと判断されれば、人は熊を殺すことになります。熊と人間が里で一緒に暮らすことは、今はお互いに望まないことなのです。これが「不平等の原理」です。

これは一面常識的かもしれませんが、一部の人は反対するでしょう。

それなら何故、人間と熊の関係は平等ではないのか、という根本的な疑問が出てきます。

もしその疑問に対して、熊は人間と比較して、かなり知能レベルが低いからだ、という回答をする人がいたとすれば、たちまち、以下のような反論が出てきます。それならばチンパンジーは人間の三歳以上の知能を持っているから、三歳の人間とチンパンジーは同等に扱うべきであるという、とても受け入れがたい反論が生まれてきます。しかし、これに対する明快な回答はないのです。このように「熊と人間」、或いは「チンパンジーと人間」との差別とその位置づけの違いは、現代の思想の中でこれを旨く説明できていないことに気づくのです。

人と動物とは対等ではないし、平等でもないという、この明らかな現実を、現代人はどのような原理において受け入れているのか、その点、実に曖昧であることに気づきます。この際この部分を取り上げて、さらに深掘りすれば、ここに示した例から、原理的理解のための様々なヒントが浮かび上がると思われます。

般若心経の《世界観》に立って《色》を本質とするのが人間だからであり、そして動物は色のみであるから、その違いは程度の違いではなく、次元の違いであるといえるのです。《世界観》に立って初めて、熊よりも人間が優先される行動原理が肯定して説明されるのです。

そこで今度は、人と人との関係、つまり色を抱える《色》と同様に、色を抱える《色》との関係という展開になります。

次の例ですが……

日本においては義務教育の場で様々な問題が生じています。学校では子供達を《色》そのもののように扱い、叱ることは例外で、褒め称えて育てることが良いこととされているように感じます。それはとても素晴らしいことに違いありませんが、子供達は《色》の可能性を秘めていると同時に、動物性の色をかかえていることを決して忘れてはならないのです。

そのような動物性に由来する場面に直面したら、それは厳しく叱り、正しい方向に導くことでなければならないし、そのためには硬軟織り交ぜて《色》を引き出し、色を抑制するように計画的に教えなければなりません。そこに強制や叱責があって当然なのです。そこに生徒と先生の立場の確立が必要なのです。

先生は当然人間としての色を抱えてはいますが、あくまで《色》の立場を前面に出して、一方生徒は《色》と色とのどちらも前面に出した混合の立場で、生徒の《色》と色のどちらも教育や指導の対象となることを前提として、両者の関係を構築しなければなりません。

先生が生徒の立場に降りてきて優しくすることは、一時的には良いことかも知れませんが、それは例外であり、基本は生徒と先生は立場を異にするのです。

【いつでも距離を置くことができる関係を構築する】

そこで今度は先生と生徒の関係を離れて、社会においての人と人、集団と集団との重要な出会いにおいて考えてみましょう。そこでは互いに相手の天命を信じて、相手の《色》を意識して、作為的にならず、「じねん」の中に、互いに相手の立場を尊重することで、互いの天命を尊重することになり「じねん」の内に立場は確立していきます。しかしながら、このような形も内容も「じねん の論理」が完全に通用するのは、理念を共有する関係においてのみです。

もし、理念を異にして、相手がこちらの天命を認めず、相互の関係を認めようとしないときには、こちらが多少の損をしても、それが本質的な立場を失うのでなければ、争いを避けるために適切な距離を置くのが最善の策です。しかし、これが本質に係わるときには譲歩はできません。後述するように、未来の新秩序では、理念が異なっても、適切な距離を置くことが出来る環境を構築することになります。つまり普段係わるのは問題ないが、いつでも元の適切な関係に戻れる関係ということでしょう。しかし、現実社会は未だそこに至らず、物理的に適切な距離を置けない場合も多々ありますから、当然その時には事態は深刻となり、様々な軋轢が生じ、熊と人間との関係になり、熊が望む「力の論理」に引き込まれてしまいます。この場合の「力の論理」とは、どんなことをしても勝てば良い、ということです。

ここに引き込まれた時は「時、既に遅し」で、すべてを「本来性の立場」として受け入れ、すべては神の御心として、「自分は非暴力を貫き、どこまでも無抵抗で、殺されてもよし」とするか、それとも相手が求める「力の論理」に立って闘うしかありません。死を恐れない覚悟はあっても、《生命活動》として、この場で、無抵抗で死を待つ価値があるのか否か、その場で結論を出さなければなりません。相手が「神の使い」なら、座して死を待ちましょう。しかし、相手が熊ならば、逃げるか、もし逃げられなければ、死を覚悟で最後まで戦う道を選択せざるを得ないでしょう。

「現実性の立場」からは、こちらは相手と同じ「力の論理」とみせていて、しかしその実、こちらは正しく《世界観》という土俵に立って、「じねんの論理」を心の中に置いて、形の上では相手のルールを受け入れて、その流れの中に新たな解決策を求めなければなりません。

つまり、熊と人間が戦うときは、熊の価値観で戦わざるを得ないのです。ただし知るべきは、この直面した事態は、以前に予測できた事態であり、多くの場合準備不足と言えます。やはり、ここから何かを学ぶべきなのです。

【カタストロフィー（大崩壊）を食い止める】

《生命活動》は、全体として調和しながら進歩していくことが理想です。しかし現実には、例えば個人個人が自らの利益を求めて行動を続けると、一人一人がそれほど矛盾を感じていなくても、全体としてはその矛盾が少しずつ蓄積し、そして拡大していき、いつの間にか大きな対立が生まれていて、そして或る段階から突然大きく破局に向かって動き出してしまいます。ここまでいくと、もう止められません。決して善のみではない不完全な人間の意思と行動であることを知って、それが破綻となる前に、常日頃から、破局を何としても食い止めるための予防処置が必要になります。そしてそれが軍事力である場合も十分あるのです。《生命活動》を管理する側は、危機的状況をいつも想定しておかなければならないのです。

このようなカタストロフィー的な破壊を、そこに至る前に食い止めるためには、理想主義的な発想では逆効果で、もっと人間の負の側面を研究して現実的な行動を決断しなければならなくなるのです。ここでの理想主義とは、人間とはあたかも色のない《色》のみで存在しているような発想を言います。

このような場面では、人間の負の側面に対する現実理解を深めた最も霊性が高い人達の、勇気に満ちた決断と行動が求められます。

そこで、「人間は《色》と色から成る」とする《世界観》から導かれる価値観と、日頃の私達の価値観とを比較するために、極端な例を示せば、その意味がより明らかになります。

例として、人間が人間を裁き殺すという究極の制度、つまり死刑制度を考えてみましょう。

欧州の国々では、人が人の命を奪うことに道義的に受け入れない国々が多く、既に死刑を廃止にした国が多くあります。死刑制度は道義的に禁止すべきなのでしょうか。確かに、えん罪を防止する意味でなら慎重であるべきですが、これは残念ながら人間の真の姿、つまり人間の負の側面を知らない為に生じる間違った理想主義と言わざるを得ません。

《世界観》から導かれる原理に従えば、秩序がカタストロフィー（大崩壊）に至る前に、《色》の代表が一部の色を排除するために裁くのであって、死刑はあり得る選択なのです。或いは、その結果に関して責任を取らせることにおいて、死刑を含む罰に処することは、十分あり得る選択です。《生命活動》においてこれは滅多にないことですが、しかし、それは重大な局面であって究極の場面では、全体を代表する立場から《色》の立場を代表し、色の命を奪うこと、即ち死刑を決定し執行することになります。もしこの重大な局面で理想主義に流されて、ここに色を「人間の本質」とするような「平等の原理」を持ち込むと、全体秩序は却って混乱することになります。

ところで、色が消滅しても《色》は「不生不滅」ですから、永遠に存在し続けます。

この場合《色》は地上界に降りて、色に対して大きなベクトル昇華を果たしたことになります。この場合のベクトル昇華とは、色自身と色に関連する人々の、或いは人類的な意味も含めて、さまざまな負の蓄積を一気に浄めて昇華することを意味します。これを五蘊皆空からみれば、《色》による《生命活動》に対する大きな貢献となります。

【人間の尊厳とは何か】

そこで人間が人間を裁いて、人間が人間に対して死を執行する死刑制度を語るには、ここで「人間の尊厳」の意味を、《世界観》から新たに議論しておく必要があります。

《世界観》から導かれる「人間の尊厳」とは、色に尊厳があるのではなく、動物性の色がいかようであれ、《色》に尊厳があるのであり、《色》こそ「人間の本質であるとすることです。それ故にここに人間と動物を差別し区別する理由があり、そしてここに「人と人との関係」が「人と動物の関係」とは異なる理由があるのです。言い換えれば、「人と人との関係」は「色」を抱える《色》の存在と、「色」を抱える《色》の存在との、本質的関係が存在するのです。

さらにこの「人間の尊厳」を知った上での死刑執行の意味は、《色》は色を指導し、最後まで色を生かそうとしますが、負の蓄積が或る限界に達したときには、《色》の立場から色に対して《色》の意思で執行がなされます。

そしてここには大きなベクトル昇華の意味もあります。ここでのベクトル昇華とは、さらなる蓄積を防止することもその一つですが、これまで色が蓄積した負のエネルギーを、他の正のエネルギーに昇華することでもあります。例えば反省をすることも、反面教師として人類に役に立つことも、その一つです。

もちろん死刑のような究極の選択においては、国家秩序のような最も責任の重い立場から成されるのは当然です。これは絶対に、個人や組織のレベルで成されることではありません。

この本質的意味は、色よりも《色》が優先されることを示しています。

これまでは、《世界観》が明らかになっていないことにより、「人間の尊厳」という語句の意味が、色の優先性のみに使われていて、真実に反している場面にしばしば遭遇します。

■未来世界に《世界観》を反映する

【霊性は絶対尺度である】

人間は社会を創って生きています。社会の中での出会いは、組織と組織秩序と秩序の出会いの意味を持ちます。組織活動においては、個人が組織の理念に帰依していれば、一時的にその組織の理念に一致します。その体験はこの世界での貴重な体験となります。その場合、その組織の理念はその組織の長に強く依存します。さらに現実世界での活動においては、それぞれの現場経験が大切であり、霊性には無関係に、現実世界での立場が存在します。それは仮の立場であり、預かった立場であり、個人に所属しているのではなく、組織に、或いは秩序に所属しています。それを個人に所属する立場と勘違いすると、組織と個人の間に軋轢が発生し、大いに人生がゆがんでしまいます。気をつけるべき事です。

この組織上の立場には、宇宙的な絶対性はなく、仮のモノですが、しかし現実にはこの現実の立場を互いに尊重しなければなりません。

それ以外の、理念が共有されない人と人との関係は、単に力関係で決まる次元の低い関係になることを覚悟しなければなりません。つまり、それは民主主義のことです。民主主義は「平等の原理」から成り立っているので、互いの霊性の違いを認めることは原理的にできません。民主主義は自由と平等、個人主義等を理念として、近代の欧米の歴史の中で創り上げた人造思想であり、相対価値体系です。決して全人類で共有されている価値体系ではありません。一方《世界観》は宇宙的普遍性を持つ絶対価値体系です。そこでは、誰もが皆、霊性は異なるし、誰もがその絶対価値体系のもとに存在しているのです。

《世界観》からみれば、**フラクタル共鳴**の中で両者が係わり合うときには、そこに霊性の違いを埋めるように生命エネルギーが流れ込み、《生命活動》を深化させようとする作用が働きます。『深度の高い側の事象』に『深度の低い側の事象』が係わることで、『深度の低い側の事象』は高められ**フラクタル共鳴**が深まります。

我々は近代の民主主義の社会で自由と平等を徹底的に学びました。社会において、平等の原理が公平を保つことに大いに貢献しました。しかし自由の原理とは、それを言い換えればそれは「力の論理」だったのです。

自由とは、自分を拘束する制約がないということですから、自分中心の「力の論理」を発揮できるのです。しかもそれは皆平等なのですから、力と力の戦いとなり、力の強い方が勝つという構図を創ります。「力の論理」がそのまま間違いではないのですが、霊性に関係なく、力のみ信じる人が「じねんの論理」を全く無視した、逆転した不平等が発生して、力を持つ人が出てきてしまうことに、重大な問題が発生しているのです。

「じねんの論理」を「自由と平等の原理」に対比して説明すれば、「じねんの論理」とは**フラクタル共鳴**の中から得られる無作為の行為であり、他を排除して得ようとする自由ではなく、何でも人と同じ物を得ようとする平等でもなく、たとえ不平等になっても、自分の運命にとって必要な、自分の天命を果たすために必要な運命が与えられる行動原理なのです。

ですから、常に「じねんの論理」が優先されるべきであり、「じねんの論理」の中で霊性の高い人が力を発揮することが正解なのです。しかし、それであっても「じねんの論理」を知らない人からは、そこには「力の論理」が作用していると見えているものなのです。

「じねんの論理」を無視して、自由から生まれる「力の論理」を行動原理として、近代の歴史を厳しく生きてきたのが現代の人々です。しかし、この体験はきわめて重要で、この平等の原理の体験なくして、不平等の原理を現実的に扱うことは大変危険です。平等を学ばずして不平等の原理を扱うと、たちまち差別が発生し、間違った不平等や差別が肯定されてしまいます。このような危険な状況に直面しながら、《世界観》に従って、無事に危険を越えていくことを求められています。

近代合理主義の中で、我々が民主主義や平等を学んだという歴史的事実は、「本来性の立場」から一旦全肯定して受け取りましょう。今更それを拒否しても、歴史は変更できないのですから意味がありません。その歴史的事実を体験として現代に生かすことで、歴史を肯定するのです。即ち「現実性の立場」から歴史を見直し、現実に生かすことができる道を探ることが重要です。歴史的体験を通して、それを現代から未来に生かすことができるのです。

また欧米をみていて思うのですが、現実の社会で不均一化と言ってもこれは程度問題で、先ずは経済のグローバル化の進んだ現時点を、一旦は肯定しましょう。その上でグローバル化の速度を押さえながら、副作用としての文化の急激な混合を押さえて、「悪貨は良貨を駆逐する」ことにならないように、もっとゆっくりと係わるようにすべきなのです。

さて、これからの時代は霊性の高い人が主となって、不平等の原理を現実化しなければなりません。平等が自由の源泉だとすれば、不平等は「じねん」が源泉です。それは「じねんの論理」として**般若波羅蜜多**に依ることで実現できるのです。これから未来社会に恒久平和をもたらすためには、私達は自由よりも優れた「じねん」をこそ、もっと学ばなければならないのです。

この平等から不平等への切り替えを、旨く乗り切れば、低い方の霊性は成長し、高い方の霊性はその体験を通して活動の幅を広げ、**フラクタル共鳴**の範囲を広げていきます。個人の霊性も秩序の霊性も、基本的に同じです。

霊性は常に運命の背景にあって、人間が知らなくても良いのです。自然に知らされれば、拒否する必要はないという程度です。それは既に決まっていることだとして、敢えてその評価に係わらないことです。当事者同士は、互いに「じねん」の中に決まっていきます。そのような「じねん」を求めるべきです。そして、常に行動の根本には、「じねんの論理」を最高の行動原理とする共通理解ができてくるでしょう。結局は《世界観》の普及と、**般若波羅蜜多**の瞑想と行こそが、人類の未来を握っていると言えるのです。

【自由より「じねん」へ】

現代は「力の論理」から「じねんの論理」に転換する重要な時です。これは大きなパラダイムシフトであり、人類にとって重要な時です。

従って「力の論理」に対して「じねんの論理」で対応しつつ、しかし対抗するときには表向きは相手の土俵で、相手の信奉する「力の論理」の姿をして戦う以外にないのです。

もちろん、こちらの行動原理は、相手より数段高い理念に導かれているのですが、表向きには両者の相対的な「力の論理」と「力の論理」との戦いと見えています。しかしながら、やがて「じねんの論理」が**フラクタル共鳴**の中で作用し、「力の論理」に打ち勝つことができるのです。

そして、もしこの軋轢の場面を乗り切れないと「悪貨は良貨を駆逐する」のごとく、《生命活動》の後退になってしまいます。この場面は、悪貨を排除することで、《生命活動》の後退を守らなければばなりません。この場面で何もしないで、悪貨が支配する世界を待っていてはならないのです。この戦いは、《世界観》から導かれる絶対価値体系を守る戦いとなります。

少なくとも形の上ではこれは戦いなのです。ここは「じねんの論理」と「力の論理」の戦いとなります。この戦いは次元の異なる世界での戦いです。相手は敵対していても、こちらは相手と同じ次元の戦いとみせて、表向き敵対していても、その実こちらの世界の中に相手を入れて、**フラクタル共鳴**の中に導き入れることになります。

「じねんの論理」は、徹底した祈りとそこから動き出す計画性と実行力が求められます。表面的には「力の論理」とみられても、それは覚悟の上です。そうみえる中に「じねんの論理」は、最も奥底から次第に表面に向けて、計画的に、しかも柔軟に動いていくことになります。

「力の論理」をかざす相手が、ピストルをかざしてこちらに向けていても、こちらは胸を開いて「打つなら打て」というように無理をする必要はありません。本当に打たれたら困りますから。

そのような場面では、こちらもピストルをみせて、防御の姿勢で対抗する姿勢をとっておけばよいのです。そのような対立構造とは別の次元の、異なる次元で「じねんの論理」は動いているのです。

この場面で、理想主義者はピストルなど要らないというでしょう。映画やテレビドラマであれば、ここは丸腰の方が格好いい場面です。「色」に対する現実理解とは、このような場面ではこちらもピストルを持つことなのです。ここはもちろん実弾入りのピストルの方が良いと思います。

しかし、最も本質を言えば、本当に命を捨てる覚悟があれば、この場面では丸腰は可能です。そしてその結果、本当に命を落とすかも知れません。それで目的が達せられれば、その人は恐らく、歴史の中で大いに称えられるでしょう。ガンジーのようにです。ガンジーにとって、後悔はないはずです。

このように、これが一人の覚悟の問題であれば、丸腰は十分あり得ることであり、この場面で私も含めて命を捨てる覚悟のできる人は沢山いると思います。しかしもし、これが外部からの力による国家的な崩壊に直面したとき、国が丸腰となることに、そしてこれが一人の覚悟の問題ではなく、国単位で丸腰でいることに、いったいどれ程の価値があるのか。との私の問いに、よく耳を傾けて欲しい所です。

それは自らの国は滅びても、他の国を生かすことを求めて、それを喜ぶことであり、結果その通りになり、人類の歴史の中で、大いに称えられる、という選択を意味します。

先ほどの私の問いはこの選択を意味するのであり、これはほぼ不可能であり、その必要もないと言わざるを得ません。

一方、これは相手側からしても、国単位で丸腰でいてくれた方が、攻撃をやりやすいですから、丸腰派には、陰から物心両面で応援するでしょう。もっと丸腰になれるようにと。

その結果、ますます国単位の命の危険は増加します。

それを知れば、丸腰はあり得ないことであり、ここはどうしても、現実主義で対応せざるを得ない場面なのです。「色」の現実性に対応するとはこのような意味でもあるのです。

もちろん、この「力の論理」の先に本質的解決は有りません。本質的解決はこの「力の論理」の外側にあるのです。しかし力の空白を埋めるように、最初の崩壊が始まりますから、先ずはその力の空白をなくすことこそが最初にすべき重要なことなのです。そのために、これが本質的解決ではないと知りつつも、カタストロフィー的崩壊の始まりをここで食い止め、力の空白をなくすように条件を整えなければなりません。

先ずは、この「力の論理」のバランス状態を作った上で、その上で、次元の異なる所で、全く別次元からの解決策を探すことこそが「じねんの論理」であります。そこにこそ知恵を出すべきです。

理想主義者は丸腰であることに価値を見いだし、その結果に対して何も責任をとらない人さえ多くいます。また、信仰者には戦いは嫌いだから、自分たちは丸腰で、祈っていることで、守護の神霊が介在して下さり、奇跡を起こして下さることを期待している人もいます。このどちらも間違いです。

宇宙の《生命活動》の中で矛盾が蓄積し、それをベクトル昇華するために、**フラクタル共鳴**が、急激に動くときに、軋轢が生じます。

そのようなときには、守護の神霊は背後から応援します。できるだけ守護の神霊の直接介在がなくても、人間が自らの努力で危機を回避できるように導きます。神話にあるような、神が直接介在するような導き方は、例外中の例外と思わなければなりません。そのような奇跡が起これば有りがたいのですが、それを期待して、自らの努力を怠ることは、有ってはならないことです。

守護の神霊としては、二度と同じようなことが発生しないように、或いは二度目が起きても、今回のことから多くを学んで、小さい内に危機回避が出来るように、或いは危機を事前に予防できるように、或いは起きても最小の崩壊で済むように、と導くのです。人類が自分たちの力で、そのような危機回避のシステムを作っていくように導きます。それが《生命活動》の展開なのです。


このように霊性の異なる両者の出会いにおいては、しばしば軋轢が発生しますから、日頃から適切な距離を置くことが必要ですが、それでも深く係わらざるを得なくなった時には、相手の土俵で、相手に勝つだけの「力の論理」に似せた十分な備えをしなければなりません。

《色》の《生命活動》が「色」によって破壊されることが、あってはならないのです。

《色》だけを見つめて、理想だけを掲げていては、備えになりません。どこまでも現実的行動として備えるのです。人間の持つ色に対してもキッチリ向き合い、現実的に備えるのです。

人類的な出来事においては、犠牲を払ってでも、悪貨に駆逐されることから良貨を守らなければなりません。

【教育システムの構築】

世界の恒久平和を目指す新秩序は、人類の精神性の基盤として存在します。精神性の基盤という土台がしっかりしていなければ、大きなシステムは組み上がりません。

《世界観》に立ち、涅槃を目指して修行を積み重ねた、深度の深い、志のある人達により、「核となる組織」を作ることから活動は始まります。

そこで、般若波羅蜜多大学とか、フラクタル学園というような教育機関を設立して、そこで多くの人材が《世界観》を学び、霊性の高い人達を多く輩出するようなシステムを創らなければなりません。

これが出来れば、過去・現在・未来に亘るフラクタル共鳴が現実世界に投影されることになり、人類の精神性の基盤は安定し、未来への道筋ができ上がることになるでしょう。

【ちょっと未来をのぞいてみる】

世界の恒久平和が実現されるということはどういうことなのか、《世界観》の立場から予想してみましょう。そして、《世界観》は「不欠不満」ですから、これが最終で唯一の回答ではないということも、頭に入れておいて下さい。

民主主義が浸透している母集団の上に、縦に秩序を構築し、そこに霊性の不平等を受け入れるための新秩序をくみ上げていくことになります。民主主義の母集団の上にあって、民主主義に直接接するのは色主色従主義の秩序です。以下、この民主主義の上に構築する、色主色従主義の秩序を含む全体秩序を般若波羅蜜多システムとして、以下に示します。

色主色従主義との呼称に関しては、般若心経から切り離して語るときには、一般化して、民主民従主義と呼称するのが良いでしょう。

各人の霊性を高めるために、高度なフラクタル共鳴の集団を育成し、その集団の瞑想と行によって、人類のあらゆる出来事、つまり事象について、《世界観》から評価することにします。これが出来れば、人類にとって、革命的な出来事になります。これを般若波羅蜜多の秩序、又はフラクタル秩序と呼称しても良いでしょう。

このような霊性を重視した新秩序を構築するためには、母集団となるべき民主主義の社会を、今以上に充実させなければなりません。民主主義の母集団は、敢えて、民主主義以外の理念を共有しません。一度は徹底した自由と平等を追究するのがよいのです。不平等の原理の新秩序に進化するためには、一度徹底した自由と平等を体験してからでなければならないからです。

民主主義の母集団は、民主主義以下の世界に対して、民主化する働きかけを継続します。独裁国家にあるように、権力者が人権を無視し、国民を犠牲にして、権力維持に執着するようなことが無いように、民主化を推進します。

三階建て構造は、民主主義の上に新秩序を載せて、下には、未だ民主主義が行き渡っていない地域を抱えたまま、般若波羅蜜多プロジェクトはスタートします。

専制政治が継続するような、或いはそれ以前の未秩序な社会は、今後民主化にかなりの時間が掛かると予想されるので、個人の自主性を育てながら、未だ民主主義に至らない別の集団として位置づけし、時間を掛けて、民主化を目指して改革を継続していくことになります。

整理すれば、民主主義の母集団を中心に、その上には精神性重視の新秩序を創り、母集団の下には専制政治を含む、未だ民主主義に至らない社会が存在する、三階建ての構造になります。結局、よく見れば、いくら民主主義を叫んでも、現状の民主主義の国家間の関係においては、決して民主主義的には行われず、自由でも対等でもなく、ケンカに強い者が相手を支配する構図がぬぐい去れません。つまり、国際社会においての現実は、相撲ではなく、プロレスなのです。

ましてや、民主主義以下の国家間がここに絡むときには、バランスが崩れて、《生命活動》が後退し、一気にカタストロフィー的崩壊に巻き込まれる危険があります。

そこで上層と下層は常に弱い交流とするのが適切です。下層が上層の理念に帰依があれば直接交流も可能ですが、その保証がない限り距離を取って、間接的な交流とするのが良いのです。どうしても直接的に係わらなければならないときには、母集団で係わります。

著者はこのような未来を予想して、研究もしています。地球の未来世界の活動の、かなりの部分はバーチャル世界に移行します。その時にはＡＩ（人工知能）がフルに活躍します。しかしそれであっても、否、それだからこそ、そのＡＩをコントロールするための高度な人間性が必要となり、高い霊性が求められるのです。

これらのことに関しては、著者の講演や、その講演を纏めたYOUTUBE、或いは別の著書で詳しく述べたいと思っています。

さて、本書の主旨をあまり外さないように、話は再び宗教再生に戻します。

■仏教再生から世界の宗教再生へ

【仏教の混乱した現状に正しい苦しみを自覚せよ】

現代に伝わる大乗仏教の各宗派は、《世界観》の一部分を引き継いではいると思われますが、《世界観》の全体像が全く見えていません。

仏陀入滅後、仏教の名の下に多くの人が様々な発言をして係わったため、大いに混乱し、既に一貫した思想体系ではなくなってしまいました。その内容はつぎはぎとなり、寄せ集めとなり、それ故に仏教用語だけが飛び交い、殆ど整合性がなくなっているという致命的な問題が露呈しているのです。もはや、この事態を無視したり辻褄合わせで解決することは不可能です。

この事態は、仏教徒にとって看過しがたい致命的な問題である筈なのです。

今こそ、仏教関係者はこの混乱した状況に「正しい苦しみの自覚」を持つべきです。

実は、仏教に見られるこの種の矛盾は、世界の殆どの宗教にもみられ、この延長上に宗教の混乱と対立があります。

ところで、将来的には宗教という形式はなくなり、文化として、ことさら意識することなく、日常の中にしっかりと足を下ろしているでしょう。しかし現時点では、独善を信仰熱心と勘違いしている迷える宗教者が沢山いることから、著者はそれらの人々を救うことが重要だと思うようになり、それをここに詳しく説いているのです。

【五蘊皆空を他の経典や他の宗教に探してみる】

色不異空空不異色の大真理の下に、五蘊皆空とする全肯定の教えは、まさに般若心経の《世界観》

そのものです。確かに色不異空空不異色の大真理の下の五蘊皆空は、般若心経で説かれましたが、このような《世界観》は、断片的には他の経典にも、そして他の宗教にも必ず存在しているはずです。私はそのすべてを探し切れていませんが、その存在を信じています。それを探すことが、世界の宗教再生に直接つながっていくはずです。

たとえばその一例として、一遍上人が熊野権現から啓示された内容も、この五蘊皆空です。それは即ち「……阿弥陀仏が十劫の昔に悟りを開かれたそのときに、一切衆生の往生は、阿弥陀仏によってすでに決定されていることである。……」という啓示の部分です。

ただしここで常に問題になるのは、「現実性の立場」を飛び越えて五蘊皆空として、色不異空空不異色のこの「本来性の立場」による全肯定の真理を、そのまま現実世界で実践しようとすると、たちまち拡大解釈をして極端な行動となり、大きな矛盾を起こしてしまうという、この実に困った避けられない人間の現実です。そこでその解決策として、本書で玄奘三蔵の見解として示した、「本来性の立場」と「現実性の立場」を使い分けるという方法です。

重大な内容や本質的内容は、一旦「本来性の立場」で解釈して、その後に「現実性の立場」に降りてきて、そこから一つ一つ確認しながら、「本来性の立場」に向かって登っていくのが良いのだと、私は私の修行の経験上から説いているのです。

そしてこの理解があれば、「現実性の立場」とは、肯定するためならば、多少屁理屈になっても許されるし、他人を傷つけることでなければ、多少こじつけになっても許されると思うわけです。

どのみち「現実性の立場」とは本質ではなく、「本来性の立場」への階段であり、階段は幾つあってもよく、行き着く先が同じであることを知っていれば、それぞれの階段から見える景色は多少違っていても、登るにつれて同じ景色が見えてきて、互いに理解し合えるはずだからなのです。

そこから言えることは、「本来性の立場」という**五蘊皆空**の、全肯定の共通理解が根底にあって、その上で各宗教各宗派の独自の「現実性の立場」の解釈をも認めていくという、この方法論を持って、世界の宗教再生を実現することができると著者は考えています。

【空の存在を共通認識とする】

般若心経の《世界観》に立てば、最も基本的には、人類の一人一人がそれぞれの方法で**フラクタル共鳴**に自ら至れば良いのです。その意味では「本来性の立場」に立てば、宗教は必要が無いことになります。しかし直接**空**を体得し、**フラクタル共鳴**に至ることの出来る人は限られているので、そのための仲介者が必要となります。

ですから、仏教のみならず、すべての宗教は、その仲介者を中心に成り立っていて、その仲介者に帰依することによって、**フラクタル共鳴**に至る道を説いているのです。

しかし、仲介者が時代を超えて、複数存在するために、世界の多くの宗教の対立が発生してしまっています。また、時代が経つにつれて、教えは変遷し、神聖化と共に、普遍性を失っていくという実態も正しく認めなければなりません。狭くなった現代社会においては、この矛盾が大きくなってしまって、宗教の長所よりも短所が大きく目立ってしまっています。

宗教のもつ独特の、このような過去の遺産の矛盾を根本的に解決するために、般若心経は現代に蘇ったのです。現代から未来においては、普遍性を欠いた宗教は却って足かせになって、このままではその存在価値を失うだけでなく、恒久平和に正面から反してしまいます。ですから、今後も宗教を継続させるためには、そこに所属する人達によって、自らの宗教の独善性を破棄し、普遍性を回復する作業が必要となります。それがなければ、宗教は存在価値を失い、次第に消滅していきます。

宗教間に横たわる矛盾のすべては、表現や語句はどうあれ、絶対普遍の存在としての、空の存在の重要性に気づかないことに起因しているといえます。多くの宗教では、空の存在の代わりになっているのが、教祖であったり、創始者であったり、名前を持つ人格神なのです。

しかし、人間の思考の癖として、名前が付いた人格神は、他から独立した存在であり、従って複数の名前の人格神を同時に最高神として理解することはとても困難であるのです。原理的に、人格の名前が付いた途端に、それは一つの働きとなり、つまり宇宙全体ではなく、宇宙の一部の働きとなるのです。つまり人格神は、常に複数存在する仲介者の中の、その一人となるのです。

そこで、真の求道者であれば、人格神が頂点にあっては、どうしても普遍性が確保できないことに気づき、それが混乱と対立の原因であると知るはずです。ですから、この矛盾した構図を改めることで矛盾を解消し、普遍性を回復しようとするのが、現代において般若心経が解読された理由なのです。

【空は帰依の対象ではない】

そこで、宇宙の中心には人格神を置かず、人格名をつけず、それは帰依する対象ではなく、それを空とし、その空に一体化した観音様の位置に、つまり、空の直下のすぐ横の位置に、教祖や創始者を置くような《世界観》を共有出来れば、問題はたちまち解決します。観音様は観音様と同等の位置に、他の仲介者が存在することを大いに喜ばれます。

空の名称は、宗教によって異なっても良いのです。空を示す名称が、空であるためには、「実質的に基本三特質を持ち、それが帰依の対象ではない」ことを互いに確認できれば、それで良いのです。ここで、どの宗教も独善を排して、普遍性を回復することが重要ですが、普遍性を追求するあまり、人格神を否定したり、その偶像を全て否定するというのは無理があります。もしそれを言うなら、人間は皆、仲介者を置かないで、直接空に帰還して、般若波羅蜜多に共鳴しなければならなくなります。ですから、現実的には、先ず「本来性の立場」で、空を正しく位置づけて、次に「現実性の立場」では、空の《超人格》の現れとして、そこに仲介者としての人格神を見て、そこに帰依することで、結果的に**般若波羅蜜多**に共鳴するというプロセスを辿ることは自然な姿です。

そして、空の下には複数の仲介者が存在することを互いに認め合うことが必要になります。

それ故に、般若心経の《世界観》を学び、「本来性の立場」を知って、「現実性の立場」を実践すれば、人類は宗教を越えて、調和することが可能だと、著者は常々説いているのです。

特に現代においては、普遍的な《世界観》がどうしても必要なのです。この《世界観》が有ってこそ、互いに文化の違う他者に対して、押しつけではない、メリハリの効いた「誠実さ」を発揮できるのです。

世界の恒久平和を希求する現代においてこそ、空の存在に裏打ちされたこの普遍的な《世界観》に基づく「本来性の立場」と「現実性の立場」の使い分けがきわめて重要になります。

【「因縁と苦」は世界の宗教再生の重大問題】

仏教再生のためには、【第六章】で示した「因縁と苦」を解決するために**五蘊皆空**という「本来性の立場」の存在を知って、現実的には「現実性の立場」で捉えて、無理なく回帰点に至り、そこから全肯定へと登っていくプロセスが必要でした。そして、同様に世界の宗教を観察すれば、少なからず仏教の「因縁と苦」に相当するモノは存在していて、そこには同様に、全肯定のプロセスが見当たらないために、様々な矛盾や対立が存在します。

それは仏教と同じで、「本来性の立場」と「現実性の立場」がつながっていないという理由からなのです。そこで世界の宗教再生のためには、「自明行」を取り入れて**五蘊皆空**の「本来性の立場」を前提に、現状の「現実性の立場」を一部追加修正することで、矛盾しない姿に世界の宗教再生ができると著者は考えています。

【宇宙的視野から世界の宗教再生を実現する】

本書をここまで読み進めば既に明らかですが、仏教再生は般若心経の表の顔であり、隠れた裏の顔としては、仏教再生を通じてすべての宗教再生に通じる理論を示し、全宗教と全思想の再生と、それらの統一的理解を目的としていることが明らかです。このように般若心経には極めて重大な真実が含まれていることを発見できるのです。それは即ち、仏説の部分を入れ替えた**【**〇〇・摩訶**般若波羅蜜多心経】**が、どの宗教においても、どの思想においても、常に成り立つことを意味しています。

宇宙的視野からいえば、般若心経は仏教再生及び宗教再生のために、そして地球の恒久平和を完成させるために、その順番が来た地球に下ろされた宇宙からのメッセージであります。その壮大な計画の一環に、編纂者も玄奘三蔵も著者もいるのです。その大計画のメッセージとして、封印されていた般若心経を、最終的に解読するのが、著者の天命でありました。これらのことは、信じがたい事と思われる方もいると思いますが、著者は四十年以上前に、啓示を受けていて、今はそれがほぼ整った段階です。もう少し時代が進み、世界の恒久平和の全体像が見えてくれば、その時がまさに大計画が成就するときです。

その時までに、地球的視野だけではなく、全宇宙的な視野から、般若心経の語句を各宗教の専用語句で置き換える作業を完了していなければなりません。

世界の恒久平和のために、そして各宗教再生のために、足りない概念は新しく語句を創ってでも、般若心経の《世界観》と強いフラクタル共鳴が生じる所まで深化させなければなりません。

般若心経を各宗教、全哲学、全思想の共通の《世界観》となった時こそ、世界の恒久平和の実現が近いことを肌で感じる時でしょう。

■文化構築の自由と世界の恒久平和

【「不欠不満」によって「文化構築の自由」が与えられる】

他文化に触れることは楽しいことではあっても、人は自らの文化の中で生きたいと思うのが本音であると思います。誰にとっても、自らが育った文化があっての他文化であり、自らのアイデンティティーも自らの文化の中で育まれ、誰もがその文化を大切にしたいと思っているものです。

しかしながら、長期的には他の文化の影響を受けつつ、少しずつ変質していくことをも必然と思って、生きているものです。世界の各文化は、それぞれの独自の環境で成長したために、かなりの独善を含んでいて、民族主義と一体化している場合が多々あります。世界の恒久平和のためには、民族主義は常に独善性という強烈な毒針を含んでいることを知って、常に正しくフィードバックをかけ続ける必要があるのです。

決して著者は日本人だからというわけではなく、日本における民族主義は、理念に帰一する求心力が主であって、和を大切にして、敢えて敵を作ろうとはしないことから、極めて優れた民族主義と評価できます。

そして一方、近隣諸国をみれば、そのいくつかは敵を作ることでしかアイデンティティーを保ち得ない民族意識であって、このような民族主義は危険きわまりないと言えます。

人類の恒久平和とは、多様な文化や宗教が独善を捨てることで普遍性を回復し、それぞれが宇宙の中に、それぞれの立場を確立することで、多層化し、その中に多様性を保つことなのです。これが「**不欠不満**」でした。そのことは、人類の未来は決して均一化した文化を求めているのではない、ということを意味しているのです。

ただし当然のことながら、他者に対して敵対することでしか成り立たないような危険な文化は、いずれ地球上から消え去ります。そこで、自らの文化が「**五蘊皆空**」を基本的に受け入れる」と、表明をすることで、「人類の過去の歴史は全て肯定されている」という真実から出発できることになります。

多くの文化がこの真実を受け入れることこそ、人類の恒久平和を実現する出発点となります。世界の恒久平和が実現された近未来においては、「自明行」の階段を一つ一つ登って、自らの歴史を肯定し、同時に他者の歴史をも肯定し、他者の文化構築の自由を尊重し、他者の文化構築の自由を妨害しないことを条件に、自らの文化を構築する自由が与えられることになります。

過去の事象は**五蘊皆空**の中で、解釈し直すことが可能ですが、それは周囲を含めて、全肯定する方向での変更でなければ意味がありません。敵を作ったり自己中心の解釈をすれば、たちまち**ベクトル反共鳴**となります。歴史を振り返れば、当時の歴史的時点において、その事象が**ベクトル反共鳴**であっても、**五蘊皆空**に至る階段の登り口を探している過程の捉え方として、教訓や反面教師としての意味を持ちますから、それはそれで記録として残されるべきと思います。

ところで、神聖化された歴史は、それは歴史ではなく神話として語るならば許されます。しかし被害者意識の歴史や神話は、「百害あって一利無し」として徹底拒否されます。

まず、自らの文化の霊性を高めようと思うなら、**五蘊皆空**を学び、「被害者意識は恥だ」と思うようにならなければなりません。その歴史の評価は、最高の霊性から成る人達によって決定されます。つまり、人類の歴史は新たに解釈されることになります。

このように世界の恒久平和を実現するためには、**五蘊皆空**の原則が徹底されることになります。

この般若心経を正しく理解することで、不動の《世界観》が確立し、現代まで伝わった世界の宗教は画竜点睛を得て生まれ変わります。そしてそのときこそ、世界の宗教再生が成就するときなのです。

【世界の宗教再生は仏教再生がモデルとなる】

仏教再生は、世界の宗教再生のモデルケースです。これは、このまま世界の宗教再生に直結することになります。

時々確認しなければならないこととして、「宗教の中に真理があるのではなく、真理の表現の中の一つとして宗教は位置づけられる」という真実です。

「真理は一つであり、その表現方法は多様であっても、根底にある真理が宗教によって変わることはなく、未来において完成し統一されます。」これはまさに、「不欠不満」であり、「不垢不浄」であり「不生不滅」です。

世界の宗教は、この《世界観》によって、現代から未来に通用する普遍的な思想に生まれ変わることができるのです。その時こそ、真に般若心経が現代に蘇ったといえるでしょう。

【般若心経は世界の思想を体系的に結合する潤滑油となる】

般若心経は決して宗教ではなく、世界の宗教や思想に普遍性を与え、それらを円滑に結びつける潤滑油になることを役割とする歴史上、唯一の思想体系であると位置づけられます。

それ故に、般若心経は先ず何よりもすべてを肯定して、受け入れる、普遍的な《世界観》を説いたことはもちろんですが、**般若波羅蜜多**を体得した編纂者自身の名を隠して、普遍性を確保したことを重要視すべきです。独善的で排他的な神話を創らず、どこまでも普遍性を求めたのだと理解できます。

ここで編纂者も、そしてこの著者の考えもそうなのですが、救われには帰依の対象としての人格神が必要であるとの認識から、観音様の存在は、**空**の人格面を強調していて、人格神に対応させつつ、それであっても「唯一の神」にはならないように、宇宙の究極の「実体そのものの**空**」の、その直下のすぐ横に位置づけています。

世界のすべての宗教も、人格神に対してはそのように位置づけるべきと考えます。般若心経の編纂者は、自らの名を決して語らずに、この真実を未来の人類に伝えようとしているのです。

さらに般若心経には、宗教にありがちな病気の治療とか、運命指導とか、為すべき善行為とか、各種宗教行事とか、戒律とか、冠婚葬祭とかそのような現実の生活に直接関係する事項、そして愛や思いやりや誠実さの表現方法については、一切記述されていません。この事実は、あらゆる宗教が、この《世界観》さえ共有できれば、特に《世界観》から導かれる**五蘊皆空**の真理を共有さえできれば、その後の日常生活に係わる一切を、敢えて自らは語らず、表に出ず、既存の宗教に任せていると読み取れます。

さらに般若心経は、歴史の中で宗教による誤った独善はあったとしても、その宗教が歴史の中で築いた文化や芸術は、民族の歴史そのものであり、そのまま否定し去ることはできないし、その必要はないと説いています。そこで般若心経は、世界の宗教に普遍性を与えることに徹して、しかも世界各地域での民族の生活に対しては、伝統の宗教が根付いたままで、人類の未来を創るべきである……と主張していると、読み取れるのです。

人類の未来を支えるために、般若心経は《世界観》という大原則を説くことに徹しています。

般若心経は従来の宗教の対立を解消し、宗教間の潤滑油となり、**五蘊皆空**の立場からすべてを活かそうとし、そのためには、敢えて般若心経の編纂者の名を語らず、《世界観》やそこから導かれる原理原則しか語らず、日常生活の様々な対処法には触れないことにして、さらにそうすることで、従来の宗教に未来における存在価値を与えているのだと読み取れるのです。そうすることが、世界の恒久平和にとって必要であり、より適切なのだと判断していることになるのです。

【般若心経は世界の思想の結合力となる】

般若心経は、仏教再生をモデルとして、世界の宗教再生を説いているのですが、これを体得するにはそれなりの修行を必要とします。しかも表向きには論理的すぎて、情緒性は隠されているので、なかなか一般的ではないと言えます。

しかしながら、世界のすべての宗教関係者の中には、必ず《世界観》を求め、その下での救われを求め、普遍的に衆生救済を求める人は必ずいるはずです。そのような人達は本書を深く理解できて、般若心経の普遍的な《世界観》を体得出来るはずです。

このような選ばれた人達が、普遍的な《世界観》に目覚め、自分たちの属する宗教や哲学や思想や文化を、宇宙の中に正しく位置づけできて、その結果どこに問題や課題があって、どのように再生していけば良いかが自ずと分かるはずです。


宗教再生、思想再生を求める多くの人達が、力を合わせて連携し、先ず自ら係わる宗教思想を積極的に再生し、次に再生したその宗教思想の中で、衆生を救い上げるまでになるのです。しかし普遍性を取り戻せずに、独善に邁進する宗教は、取り残され、やがて衰退し消え去ります。

般若心経は、情緒的表現を押さえ、宗教や哲学、それからあらゆる思想を成立させる基盤となる《世界観》を、緻密な論理で説きつつ、世界規模での宗教再生を促しているのであり、それ故に現代における般若心経の存在意義は巨大なのです。


ここに解読された般若心経が、仏教再生を果たしている事は既に明らかですが、真理は一つですから、宇宙の構造と、宇宙と人間の関係が明らかになったと言うことは、プラトンに始まるギリシャ哲学と、その後の混乱した哲学と宗教の再生をも同時に示していることになるのです。

つまり、世界の多くの哲学や歴史上の宗教に関して、そのすべてをこの基盤となる《世界観》の中に吸収できるということを意味しているのです。

さらに言及すれば、《世界観》はどこまでも普遍的であるが故に、他の世界から訪れる宇宙人に対してであっても、十分に通用する真理であり、そのことは特筆すべきことです。

【観音様は人格神であり守護の神霊である】

ところで、観音様の悟りに集約して説かれた般若心経だから、ここは観音様なのであって、他の宗教に観音様を押しつける必要は全くありません。般若心経の編纂者が普遍性を貫くために、自らの名を隠した理由がここにあります。同様に、どの宗教であっても、自らの人格神を他に押しつけてはならないのです。

また、自らが普遍性を回復していれば、他の多くの宗教の神に普遍性をみることはできますから、その宗教の中で説かれる守護の神霊に気持ちを合わせても、まったく矛盾はないのです。

般若心経の編纂者は、普遍の真理を説くのが役割であり、その編纂者が観音様に託したのは、衆生救済のための守護の神霊としての役割です。

観音様に代表される守護の神霊の存在は、人間が生きる上で一瞬たりとも係わらずには生きていられない存在でありますから、常に身近に感じ、帰依を深めることで深く強い安心感が生まれ、豊かな人生を送ることができるのです。この守護の神霊への帰依こそが、救われに直結する方法なのです。

【般若心経を理解した人には重大な使命がある】

般若心経を理解した人は、人類の中でもかなりの少数派でしょう。しかし、その絶対数は世界を動かすに十分な数になるはずです。

般若心経に説かれた究極の真理は、それを求め続けて最終的に到達する真理であり、すべての人が初めから理解することは不可能なのです。ですから真理への入り口としては、いっとき人間を神の創造物として捉えたとしても、唯物論として捉えたとしても、或いは神への理解が多少進んで、「唯一の神」が「唯一の人格」として説かれたとしても、それは理解の一段階としては許されます。しかしそれが最終の理解ではないことを、人類の共通理解としなければなりません。それ故に、その霊性は低いと判断されます。

これからの時代は、自らが人生の中で築いた理解の居城を、或いは自らの属する宗教を、**五蘊皆空**の真理へ到達する一段階として捉え、自らをその多層構造の中に謙虚に位置づけることが求められます。

【封印が解け加筆され般若心経は完成した】

般若波羅蜜多の神髄を纏めた「般若心経」は、今という未来において解読されましたが、封印が解かれたことにより般若心経は、誰にも理解できる姿となりました。

そして「降りる道（還相）」が加筆され、般若心経は完成した姿で、後の時代に発展的に引き継がれていきます。

本書を執筆中、般若心経の編纂者と玄奘三蔵と筆者は、強いフラクタル共鳴の中にありました。従って、本書は編纂者と玄奘三蔵と岩根和郎との、それぞれの役割として、般若心経をより深化させたものであり、それは近未来の時代の要請に応えた結果としての必然であるとご理解頂ければ幸いです。

《世界観》は、私達の知っている形や「概念」にはなかったものを言葉に表現したモノであって、それ故に、その形式にではなく内容をこそ正しく理解しなければなりません。そのためには**【基本三特質】**を軸として、言葉の額面に限定されずに、その言葉に込められた深い意味に到達するように、心を柔軟にして理解を深めていただきたいと思います。

【完成の章】に示した《世界観》から導かれる行動の原理、および世界の秩序に関する記述は、この著者の強い使命感に押し出されるように湧き出てくる、原理原則であり、ここに記述したのは、そのほんの入口の一部分です。

【世代をかけて熟成するべき内容】

この【完成の章】は現代の地球という文明に限定して、般若心経の《世界観》から地上に下ろす作業を、著者の任務として実践したものですが、これが「唯一の解」として、これに限定されるモノではありません。これからの時代は何よりも「不欠不満」ですから、ここに示した行動の原理と原則を守れば、時代により、地域により、民族により、様々な形に表現可能であることは当然です。

詳細については、今後も人類の英知を集め、さらに実践という体験を積み重ねて、フラクタル共鳴の中で何世代という時間を掛けて熟成していくべきことです。最後に、《生命活動》は進展し必ず人類の恒久平和は実現されます。そのための般若心経の解読なのですから。

この章に用意した紙面はあまりに少なすぎました。

しかし、読者におかれては「このように考える著者によって成されたのが封印された般若心経の開封であり、ここに般若心経は【仏説摩訶般若波羅蜜多心経】と成った」という、この事実に天の意志と歴史的必然を感じ取って頂きたく……

さらには、ここに著者の使命感から著した【完成の章】を述べることを許して頂きたく思います。

おわり

引用文献

文献一　**般若心経とは何か**
宮元啓一　春秋社

文献二　**【研究資料】サンスクリット原文で『般若心経』を読む**
大崎正瑠　総合文化研究第19巻　第1・2号合併号（2013・12）
http://www.bus.nihon-u.ac.jp/laboratory/pdf/oosakimasaru.pdf

文献三　**人間やりなおし**
空不動　献文舎

◆本書に関する訂正があった場合には、献文舎ホームページ　http://kembunsha.com//に掲載しますので、そちらをご確認下さい。

『未完成だった般若心経』の上梓に寄せて

般若波羅密多研究会（読者の会）世話役　**秋山正樹**

般若心経は国内においては言わずと知れた最も有名かつ最も短い仏教経典ですが、本経典に対するスタンスは人それぞれに千差万別と言えるでしょう。写経や読経の経験を有し、その意味まで理解して諳んじることが出来る般若心経に通じた方、その反対にお経自体を聞く機会すらこれまで殆どなかった方、その両端の間には本経典に対する様々な関心分布がある筈です。かく言う小生も、著者による『暗号は解読された般若心経』が発刊されるまでは、写経や読経の体験すら殆どない全くの素人でした。しかしながら今思えば、「空は空虚なり」という世に蔓延する「顛倒夢想」の誤った解釈に染まらずに済んだことも「五蘊皆空」であり、返って幸いであったとも言えます。一方、般若心経に関心を持ち、そこに真理を求めて様々な解説書を渉猟《しゅうりょう》したものの、どうしても腑に落ちなかったという心素直な人達も沢山いらっしゃることでしょう。そうした求める気持ちの強い真面目な人達にとって、著者執筆の解説書との邂逅は正に僥倖であり、その明快な解釈に触れ、積年のモヤモヤ感が一気に解消したであろうことは容易に想像がつきます。実際に著者のもとには、そうした感動と喜びの声が寄せられていると聞いています。この歓喜は、仏陀を中心に瞑想の場に列席していた大勢の修行者達が、観音様が説く壮大な《世界観》と永遠の《生命観》に触れ、湧き上がる歓喜と法悦に包まれたという『大本・般若心経』の感動的な場面と相似形をなすものに違いありません。

さて、今般上梓された『未完成だった般若心経』（以下本新著）は、『暗号は解読された般若心経』（平成二十五年十一月出版）と『改訂版　暗号は解読された般若心経』（平成二十六年四月出版）に続く般若心経シリーズ第三弾です。旧著の濃厚な内容にも増して、本新著はより濃密な真理のエッセンスが凝縮されているため、途中でバテないよう焦らずじっくり一つ一つ読み込んでいくべきものと思います。

ここで新著の内容に言及する前に、旧著を通して小生が学んだ要点を、自身の復習の意味も込めて、以下に列記してみたいと思います。

①　般若心経は暗号化されており、仏教再生の論理はその中に封印されているが、二千年後の来るべき未来にはその暗号が解読され、衆生救済活動の火蓋が切られることになっている。

②　それまでは意味不明のままでも構わないから、「度一切苦厄」であり「能除一切苦」である絶大なるマントラパワーにより般若心経自体を広く普及させることを主目的とした。

③　般若心経は計画通り広く知れ渡り、編纂時に立案された未来への長期戦略の前半フェーズは大きな成功を収めた。

④　そしていよいよ約束の時が到来した現在、著者による暗号解読が計画通りに実行に移され前半フェーズは終了し、後半フェーズの幕開けを迎えた。

⑤　《空》と「無」は厳然と異なる概念であり、特に「学問の仏教」における「空は空虚で空っぽ」という定説は致命的な誤りである。実際にはその正反対であり、空は《超実体》である。

⑥　そしてその《空》の「普遍性」こそが現代が必要としている核心思想である。
⑦　道の実践には、「瞑想」と「無意識界の行」即ち「無の修行」を通して悟りに至る「空への帰還（登る道・往相）」と、空に至った後に用意されている「悟りの完成」と「天命成就」を旨とする「空からの展開（降りる道・還相）」の二つがある。

初めて聞くこれらの解釈を正しく理解するには一定の時間と努力を要しましたが、これらの命題は旧著出版から四年の時を経て既に小生の内部で熟成され、当たり前のこととして実にスッキリと位置つけられていることに気づきます。同様の感慨をお持ちの読者も多数いらっしゃることでしょう。

さて、ここで新著に話題を移し、小生にとって目から鱗となった新たな視点や感動的な内容を幾つか共有したいと思います。

まず、第一に挙げるべきは、正に本新著のタイトルにもなっている、「般若心経は未完成であった。しかし機が熟し、「降りる道」として『完成の章』が降ろされ見事に完結した」という真説でしょう。その証左として、経典冒頭の「般若波羅密多心経」とは対比的に、末尾の締め括りは「波羅密多」の四文字が省略された「般若心経」という短縮形で終わっているという著者の洞察力には深い感銘を受けました。それにしても最後の最後まで暗号が隠されているとは。。。。そして、それが判るように「般若・・・心経」と表記しましょうという著者の提言は実に正鵠を得ています。そう思って改めて朗唱してみると、最後の「般若心経」が「それではまた。つづく。。。」と聞こえて来ます。今後、「不欠不満」と並んで「・・・・」の新たな表記は、真説の流布に伴い人口に膾炙するに違いありません。

次に着目すべきは、《色》の本来的な意味は通説である「肉体」や「表面意識」ではなく《人間の本質》であり、《色不異空 空不異色》即ち「《人間の本質》は《宇宙の本質》であり、《宇宙の本質》は《人間の本質》」である。般若心経はこの画竜点睛となる究極の真実を高らかに歌い上げた「人間讃歌」であるという視点でしょう。般若心経の極意を一言で述べろと言われれば、正にこの《色不異空 空不異空》の一節が選ばれることと思います。そして、この「本来性の立場」と共に併記されている「色即是空 空即是色」で表現された「現実性の立場」も、負の側面を持つ人間の救済を最重要視する「修行の仏教」からもたらされた現実を誠実に生きるための叡智であると言えるでしょう。

そして最も傾聴すべきは、「般若心経編纂の意義は小さくは「仏教再生」にあるが、大きくは「宗教再生」即ち「世界中の宗教の普遍性回復」と、それに基づく「人類の恒久平和の実現」にある」という壮大かつ極めて重大な真実でしょう。旧著においては般若心経の則を超える恐れのある「全体の救われ」については敢えて抑制的に記述されて来た著者ですが、本新著においては、「般若心経が現代に向けて発しているメッセージ」即ち「人類の恒久平和実現に向けて空からの活動を展開せよ」という《空》からの指令に如何に対応して行くべきかの具体策が縦横無尽に記述されています。曰く真理ではない人造思想である民主主義の限界とその位置付け、曰く民主主義を母集団とする上下二層の三階建て構造、曰く霊性を重視した不平等の原理、曰く色主色従主義、曰く新たな教育機関（フラクタル学園）の設立、曰く「自由」から「じねん」への移行、曰く般若波羅密多プロジェクトの推進、曰く人工知能をフル活用したバーチャル世界の構築、・・・・。

こうした現代の常識に囚われない先進的かつ自由で大胆な、しかしながら現実を直視した地に足のついた大いなる構想は、半生に及ぶ命懸けの真摯な修行と未来の秩序に対する絶え間ない研究活動を通して《絶対普遍の真理》と《色付けの無い人類愛の心》を体得体現された無碍自在の覚者にして初めて可能となる大業でありましょう。「個の救われ」に重点を置いて説かれる教理道学が多い中で、時代が求める「全体の救われ」に関する原理と方法論を紙面の許す限り惜しげもなく本新著において開示されていることは特筆に値し、正に圧巻と言わざるを得ません。こうした「個と全体の調和」は今後避けては通れないユダヤ問題の解決にも不可欠の視点であると思います。

また、「この世（此岸）」と「あの世（彼岸）」は「般若波羅密多」の原理により往来可能であり、「此岸」から「彼岸」へ移行する死に際しては、観音様に代表される救済の神霊のお導きに加えて、般若心経末尾の「羯諦羯諦波羅羯帝・・・・」の短い真言を唱えることにより円滑な移行が約束されているという件は、小生のみならず多くの人にとっても、永遠の生命を確信させ大いなる安心感を与えてくれる《空》即ち《超人格》からの「無有恐怖」の慈愛のメッセージでありましょう。

解釈上の変更点として留意すべきは「五蘊」についてでしょう。旧著において「五蘊皆空」の「五蘊」は「空中と空外を含む全ての多元領域」と定義されていましたが、本書においては、「五蘊」は「空外の諸行無常の世界」と再定義されています。この定義の変更により、たとえ現象と事象が飛び交う「諸行無常の世界」であっても、その背後にある《空相（実相）》とのフラクタル結合を照見しさえすれば、「五蘊」は決して虚しく儚く苦しい世界ではなく「皆空状態」へと昇華される。「一時的事象の苦」を成長の糧として前向きに捉える二元論的《世界観》と宇宙を貫く《超人格》の愛が際立つかたちで表現されています。

最後に、「不生不滅」、「不垢不浄」と共に三対の語句を構成する「不増不減」が、サンスクリット語原典も参考にしつつ「不欠不満」に変更されたことにも感慨深いものがあります。「普遍性」を見事に表す「不欠不満」に込められた深意をじっくりと味わいたいものです。

今般の新著『未完成だった般若心経』は、旧著同様、敢えて氏名を不詳とした偉大なる般若心経の編纂者と、命を懸けて天竺に渡り見事漢訳のミッションを果たした玄奘三蔵、そして、暗号を開封し、般若心経の真髄を現代に蘇らせた空不動の三者による共著であり、宇宙の経綸の中で産み出された人類思想史の金字塔です。「力の論理」から「じねんの論理」へのパラダイムシフトという重大局面を迎えた現代、「仏法聞き難し」の定石を覆し、多くの人々が般若心経の本質に広く触れる機会を創出して下さった著者のご尽力に、読者を代表して衷心より敬意と感謝の意を表したいと思います。そして、末法終焉の後に来る輝かしき弥勒時代の幕開けに居合わせている意味を噛みしめると共に、その幸運に恵まれた喜びを本新著に縁ある方々と共々に分かち合いたいものです。本新著の出版により、般若心経に込められた天意にフラクタル共鳴する多くの覚醒した志士賢人が登場し、「人類の進歩と調和」の「宇宙的必然」の中でそれぞれの天命が全うされていくことを信じてやみません。

あなたの「統一行」を手助けする…

CD一人でできる瞑想による統一行

このCDは、みなさまの「統一行」が日常生活の中できちんと習慣化され、またその境地がより高い域に到達できるようにとの願いからつくられました。言うなれば「統一行」の実践をみなさまの最も身近で応援する強力な助っ人であります。

〈2枚組〉定価1000円（税込）

CD-1

「みんなで瞑想」

1. 人類愛の祈り１［38分］
2. 大構想の祈り［20分］
3. 回帰点の祈り［３分］
4. 人類愛の祈り２［８分］
5. 注意忠告の祈り［１分］

CD-2

「ひとりで瞑想」

1. 人類愛の祈り30分用［30分］
2. 人類愛の祈り15分用［15分］
3. 人類愛の祈り10分用［10分］
4. 人類愛の祈り５分用［５分］
5. 大構想の祈り［10分］

本書「未完成だった般若心経」の読後感想文をお送りください。

〈表面〉

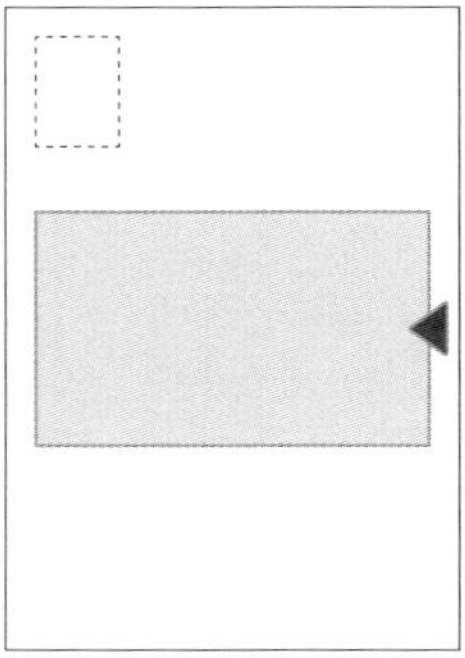

切り取り、又はコピーしてハガキの表面に貼り付けてください。

〈裏面〉

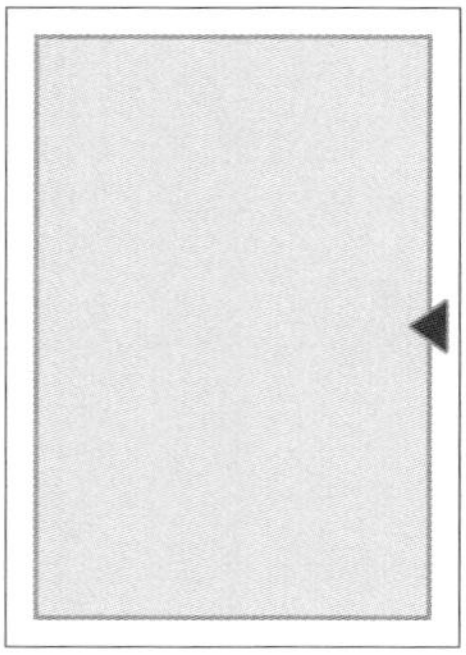

回答、お名前・ご住所などをご記入のうえ、切り取り又はコピーしてハガキの裏面に貼り付けてください。とくに角はしっかりと貼ってください。
※ハガキに直接お書きいただいてもかまいません。

✂（きりとり線）

〒104-8238

献文舎

東京都中央区銀座5-15-1
南海東京ビル1F SP865

読者係

●本書を購入されたきっかけを教えてください。
①新聞　②書店で見て　③YouTubeを見て
④その他（　　　　　　　　　　）

●本書の感想をお書きください。

●今後どのような出版物を希望されますか。

●本著の講習会、セミナーがあれば
①参加したい　②興味はある
③その他（　　　　　　　　　　）

（きりとり線）✂

お名前：

ご住所：

性　別：男・女 ｜ 年齢：　　歳 ｜ ご職業：

未完成だった

般若心経

平成三十年二月四日　一刷発行

著者　岩根和郎
編集責任　秋山正樹・岸洋光
発行人　工藤眞宙見
発行所　献文舎
〒104-8238　東京都中央区銀座5-15-1
南海東京ビルSP865
eメール　kembunsha@yarinaoshi.com
※トラブルを避けるため、発信者が特定されないメールは自動的に破棄されます。
電話　03(3549)3290
発売所　星雲社
印刷　ベクトル印刷
本書に関するお問合せは文書にて、献文舎編集局まで。
落丁・乱丁本はお取りかえいたします。

ISBN978-4-434-24236-6　C0015　¥2130E